Research on Corporate Social Responsibility
of U.S. Banking Industry

美国银行业
企业社会责任研究

臧 维◎著

经济管理出版社
ECONOMY & MANAGEMENT PUBLISHING HOUSE

图书在版编目（CIP）数据

美国银行业企业社会责任研究/臧维著．—北京：经济管理出版社，2024.3
ISBN 978-7-5096-9624-8

Ⅰ．①美…　Ⅱ．①臧…　Ⅲ．①银行业—社会责任—研究—美国　Ⅳ．①F837.12

中国国家版本馆 CIP 数据核字（2024）第 055077 号

组稿编辑：任爱清
责任编辑：任爱清
责任印制：黄章平
责任校对：王淑卿

出版发行：经济管理出版社
　　　　　（北京市海淀区北蜂窝 8 号中雅大厦 A 座 11 层　100038）
网　　址：www. E-mp. com. cn
电　　话：(010) 51915602
印　　刷：唐山昊达印刷有限公司
经　　销：新华书店
开　　本：720mm×1000mm/16
印　　张：10.75
字　　数：137 千字
版　　次：2024 年 5 月第 1 版　2024 年 5 月第 1 次印刷
书　　号：ISBN 978-7-5096-9624-8
定　　价：78.00 元

前　言

　　美国自 1776 年建国距今不到 250 年时间，却建立起了体量最庞大的银行金融体系，究其原因，会发现美国的历史就是其银行业的发展史。美国是少有的国家与银行同步建立的经济体，从近 250 年来发生的数次经济大萧条可以发现，美国金融行业无一幸免，当然，每次经济危机的解困都是美国金融行业的一次革命性历程。然而美国银行业的发展始终伴随着质疑，当商业道德渗透入美国经济的每一个角落时，新的问题开始出现：银行是否该放弃持续了近 250 年的发展战略从利润最大化转向社会价值的最大化？

　　这一疑问自诞生之初便成为学术界与商业界的争论焦点。从经营角度出发，银行是典型的盈利导向的资本团体，追求利润最大化历来是美国银行业的最终战略目标，然而企业社会责任这一概念的诞生似乎改变了传统企业的价值导向，企业开始寻求社会价值与经济价值的平衡。无论企业关注企业社会责任的出发点始于商业道德还是投机主义，整体经济环境与舆论都在向企业的社会价值倾斜。

　　在众多行业之中，银行业作为重要的资本媒介一直是各个国家的支柱型行业，然而银行业对企业社会责任的关注度却始终较低。在针对美国银行业的调查中，企业社会责任一直被当作银行获得政府补贴的手段之一，其核心目的并非真正建立自己的社会价值而是继续追求利润的最大化。而学术界也对美国银行业践行企业社会责任的原因形成了不同的声音。在为数不多针对美国银行业与企业社会责任的研究中，学术界始终不能达成一致，这也间接导致了美国银行业对企业社会责任的忽视。从 2008 年金融危机与 2020 年全球公共卫生事件的影响来看，美国民众对银行系统的信任度与信心已经降到了冰点，美国银行业该如何重新建立民众的信心，如何重树行业形象是其亟待解决的问题。针对这一问题，企业社会责任再次进入银行从业者的视野，然而利润最大化这一行业根深蒂固的盈利目标使美国银行业推进企业社会责任的步伐十分缓慢。那么企业社会责任是否是美国银行业的纾困良药，又能否帮助美国银行业追求更大的利润呢？

臧　维

2024 年 1 月

目　录

第一章　绪论

第一节　对企业社会责任的探讨总览

企业社会责任（Corporate Social Responsibility，CSR）是企业在追求经济目标的同时与企业的利益相关者互动以实现社会公益效益的理念（Lawrence & Weber，2011）。随着企业社会责任的发展和现代社会的要求，企业社会责任的核心特征可以概括为"自愿性、内部化、管理外部性、多利益相关者导向、社会责任和经济责任一致、实践以及价值观形成"（Hamidu，Haron & Amran，2015）。从核心特征出发，企业社会责任可以看作是企业管理的一轮新的变革，它要求企业必须寻求经济目标和社会责任之间的平衡（Siddique，2014）。这也间接导致企业运营框架和管理理念的转变（Asemah，Okpanachi & Edegoh，2013）。即企业的发展战略不能再将企业本身局限于生产和营销，而忽视对社会的影响（Milovanovi，Barac &

Andjelkovic，2009）。

然而，自从企业社会责任概念出现以来（Bowen，1953），企业社会责任对企业发展的作用一直备受争议。在与企业社会责任相关的问题中，最具代表性的争论就是企业社会责任能否与企业的经济目标保持一致（Broomhill，2007）。换句话说，企业践行企业社会责任是否有利于企业的收益？虽然企业社会责任的受益者，包括员工、客户、供应商、社区、政府都在鼓励企业对社会责任的进一步投资，但一些管理者认为，额外的投资会阻碍利润最大化的最终目标（MacWilliams & Siegel，2000）。为了回答这个争论，一些研究探讨了企业社会责任对企业财务绩效的影响，其结果可以归纳为三个方面：积极、负面、中性或混合。

本章接下来的内容将简要介绍前人研究得出的企业社会责任与财务绩效之间可能存在的关系。作为基础，本章还将通过陈述研究目的、介绍研究问题和相应的假设、提出相关研究方法、解释研究意义来构建本书的研究框架。

一、企业社会责任对财务绩效的积极影响

Mahbuba 和 Farzana（2013）针对孟加拉国银行有限公司（DBBL）的企业社会责任支出对税后利润的影响进行了研究。他们的研究指出，该银行是"孟加拉国银行业企业社会责任活动的发起者"。通过对 2002~2011 年该银行数据的分析，他们的研究证实了企业社会责任支出与 DBBL 的税后利润之间存在很强的正相关关系。同样，Jo 和 Harjoto（2012）也在他们的研究中提到，与内部和外部利益相关者进行适当的企业社会责任合作将显著提高公司的盈利能力。此外，内部管理和外部经营活动多样性的任何改善都将促进企业社会责任的进程（Harjoto，Laksmana & Lee，2015）。通过对外部环境和内部员工多样性（包括种族、民族、年龄和性别）的提升，企业管理者可以获得更高的投资回报率。针对内部利益相关者，Isidro 和 Sobral（2015）的研究认为，董事会中女性的比例对公司的盈利能力也可以产生积极影响。

企业社会责任除了对财务绩效和企业价值产生直接影响外，还可以间接满足企业的经济目标。企业社会责任被认为是提升公司声誉并提高品牌价值的重要手段（Bebbington，Larrinage & Moneva，2008）。企业社会责任的倡导者认为，具有社会责任感的公司拥有更好的客户忠诚度（Lance，2001；Mandhachitara & Poolthong，2011）。换句话说，企业社会责任被视为一种有效的正向管理工具，通过改变客户的购买意图和降低客户的价格敏感度来影响客户忠诚度（Creyer & Ross，1997；Bhardwaj，Bhattacharya & Sen，2004；Chatterjee，Demir & Turut，2018），进而影响企业的市场竞争力（Boulouta & Pitelis，2014）。

二、企业社会责任对财务绩效的负面影响

Iqbal、Ahmad、Basheer 和 Nadeem（2012）研究了卡拉奇证券交易所上市的 156 家公司。他们发现企业社会责任对股票的市场价值存在负面影响。Hirigoyen 和 Poulain-Rehm（2015）的研究也得出了类似的结果。他们的研究探讨了企业社会责任（人力资源、工作场所的人权、社会承诺、对环境的关注、市场行为和企业治理）与财务绩效（投资回报率、净资产收益率和市盈率）之间的因果关系。结果表明财务绩效的几项量化指标均与企业社会责任呈负相关。Bhandari 和 Javakhadze（2017）研究了企业社会责任对企业层面资本配置效率的影响。他们发现针对企业社会责任的投资将分割公司的资本，这些资本可用于投资潜在的项目。换句话说，企业社会责任投资增加了企业的机会成本，从而降低了外部现金流的敏感性。

三、企业社会责任对财务绩效的中性或混合影响

这一学术流派认为现有的研究很难将企业社会责任对企业财务绩效的影响归纳为一个统一的结果。McWilliams 和 Siegel（2000）探讨了企业社会责任与研发（R&D）之间的相关性。他们认为，尽管企业社会责任与研发密切相关，但当考虑到研发对企业财务绩效的直接影响时，无法证明企业社会责任通过影响研发继而对财务绩效产生显著影响。Soana（2011）对 21 家国际银行和 47 家意大利银行进行了研究。相同的结果显示，企业社会绩效与财务绩效之间不存在显著的关系。

第二节　企业社会责任的维度

以往的研究从不同角度分析了企业社会责任与企业盈利能力之间的关系（例如，McWilliams & Siegel，2000；Edmans，2011；等等）。然而，过往研究的结论可能无法达成一致性结论。一方面，研究企业社会责任与财务绩效的关系应该注重每个行业的特殊性，如产品、运营模式、利润结构等，这些行业属性的细分都能影响研究的结果。因此，不同的行业或企业应该从不同的角度来看待。另一方面，Ghoul 等（2011）利用 1992～2007 年 12915 家美国公司的数据分析了企业社会责任对成本控制的影响。与 Bhandari 和 Java-khadze（2017）的观点不同。Ghoul 等认为企业社会责任与股权资本成本呈负相关。这个矛盾引出了另一个问题：企业社会责任对成本控制有何影响？企业社会责任对企业整体盈利能力到底有何影响？

Carroll 的四分理论框架是过去几十年来企业社会责任研究领域所广泛接受的主要理论基础（Carroll & Shabana，2010）。Carroll（1979）将企业社会责任分为四个方面：①经济责任；②法律责任；③道德责任；④慈善责任。每个方面都影响着不同的受益群体，也反向受到该受益群体的影响。同时，在 Freeman（1984）利益相关者理论的倡导下，受益群体被进一步细化为几个维度。除了追求企业经济目标的股东之外，员工、客户、供应商、社区、环境等各种利益相关者也成为企业社会责任的重要组成部分。在分析企业社会责任对企业财务绩效（CFP）的影响时，利益相关者或受益群体起着至关重要的作用。

针对 Carroll（1979）的企业社会责任四分理论框架和 Freeman（1984）的利益相关者理论，作为专业的企业社会责任评估网站（CSRHUB）提供了较为全面的解释和分类。本书的研究是基于 CSRHUB 对企业社会责任整体评估以及每个企业社会责任子维度的评估，探讨企业社会责任对美国银行业财务绩效（Corporate Financial Performance，CFP）的影响，以确定企业社会责任在美国银行业中所扮演的角色。

第三节　针对企业社会责任所提出的问题

研究问题：2009~2017 年美国银行机构的企业社会责任（CSR）与银行财务绩效之间是否存在相关性？

相应假设：

H_0：CSR 与美国银行机构的 CFP 没有统计学上的显著关系。

H_a：美国银行机构的 CSR 与 CFP 存在显著相关。

为了分别讨论企业社会责任各个维度的影响，本书将分别讨论以下四个子问题：

（1）社区贡献是否与美国银行机构的 CFP 相关？

相应假设：

H_{01}：社区贡献与美国银行机构的 CFP 没有统计学上的显著关系。

H_{a1}：社区贡献与美国银行机构的 CFP 存在显著关系。

（2）美国银行机构的员工关系是否与 CFP 相关？

相应假设：

H_{02}：美国银行机构的员工关系与 CFP 没有统计学上的显著关系。

H_{a2}：美国银行机构的员工关系与 CFP 存在显著关系。

（3）环境问题与美国银行机构的 CFP 是否相关？

相应假设：

H_{03}：环境问题与美国银行机构的 CFP 没有统计学上的显著关系。

H_{a3}：环境问题与美国银行机构的 CFP 之间存在显著关系。

（4）美国银行机构的企业治理是否与 CFP 相关？

相应假设：

H_{04}：美国银行机构的企业治理与 CFP 之间没有统计学上的显著关系。

H_{a4}：企业治理与美国银行机构的 CFP 存在显著关系。

第四节 企业社会责任的研究方法

银行业经常因其不道德行为而备受批评（Pollay & Mittal，1993；

Norberg，2018），这使公众对银行系统的信心和信誉产生了负面影响。考虑到银行业在后金融危机时代中的重要作用，银行业需要时刻关注社会的期望，积极参与企业社会责任活动（Cornett et al.，2014）。

事实上，银行业并没有做到迅速响应社会对企业社会责任的期望（Lentner，Szegedi & Tatay，2015）。目前很少有研究分析企业社会责任对该行业财务绩效的直接影响。作为针对这一行业的研究，本书所阐述的理论可为银行等金融系统从业者明确企业社会责任的作用。一方面，本书解释了关于企业社会责任在银行系统中的争论；另一方面，本书采用可以反映成本控制与盈利能力的综合财务指标进行分析，可以更好地明确企业社会责任对银行收入和支出的影响。此外，本书将企业社会责任进一步细化为四个子维度，并针对这四个子维度对银行财务绩效进行分析，这样的进一步细分可以更好地说明企业社会责任对银行系统的影响。

一、研究方法

（一）样本选择

为了实现本书的研究目的，本书根据数据可用性选择美国银行机构。但考虑到文化对企业社会责任的影响（Burton et al.，2000；Nguyen & Truong，2016），本书仅针对美国本土银行机构进行分析。根据美国金融研究办公室2017年各银行12月发布的美国40家银行控股公司和中介控股公司总资产排名，美国有28家本土银行上榜。本书将针对这28家美国本土银行进行研究，所有选取的样本将根据其在榜单上的排名进行命名。

（二）数据采集

（1）银行财务指标从2009～2017年各银行的年度报告和SEC备案中收集。

（2）所有 CSR 评分均来自于 CSRHUB 评级数据库的数据。

（三）数据分析和结果

研究模型：本书采用 Spearman 模型检验 CSR 与 CFP 之间的相关性。从以往探讨 CSR 与 CFP 关系的研究来看（如 Iqbal, Ahmad, Basheer & Nadeem, 2012; Mahbuba & Farzana, 2013; Asatryan & Březinová, 2014; Hirigoyen & Poulain-Rehm, 2015; 等等），CSR 一直被认为是重要的解释变量。本书将采用相同的模式，以 CSR 以及 CSR 的 4 个子维度作为 CFP 的诱发因素。

（四）Spearman 模型

ρ（rho），通常范围为 $[-1, 1]$，值为 0 时表示无关联，ρ 值为 -1 或 $+1$ 分别表示完全负相关或完全正相关（Cornbleet & Shea, 1978）。在确定相关性强度时，本书采用 Evan（1996）的强度分级来表示，如果 ρ 的绝对值范围为

（1）$[0.00, 0.19]$，则相关性很弱。

（2）$[0.20, 0.39]$，则相关性较弱。

（3）$[0.40, 0.59]$，则相关性中等。

（4）$[0.60, 0.79]$，则相关性较强。

（5）$[0.80, 1.00]$，则相关性很强。

二、研究的假设和局限性

（一）假设

在本书的研究中，四个假设支撑研究问题和分析：①各个银行的年报和 SEC 备案的所有统计数据都是可靠的，能够真实反映公司当前的财务状况。②CSRHUB 网站的所有 CSR 评级分数可以客观地反映出各个银行真实的 CSR 水平。所有评分均通过科学方法产生，具有完整可靠的数据来源。

③外资银行机构管理层对企业社会责任的理解与美国本土银行机构管理层不同。④后金融危机时代公众对美国银行业企业社会责任的社会期望高于过去。

（二）局限性

①由于本书仅针对美国本土银行机构，对于在美国运营的外资金融机构来说，企业社会责任的影响可能存在偏差。②过去十几年美国经济一直处于恢复状态，本书使用的数据和研究结论可能会受到这段时期特殊性的限制。③本书无法反映企业社会责任对投资银行和商业银行影响的差异。这两种不同类型的银行通常针对不同的客户并采取不同的经营管理策略。因此，结果可能会受到样本选择的限制。④CFP除了CSR之外，还会受到多种因素的影响，如市场风险，即系统性风险，它是不可分散的或不可预测的，然而本书并不涉及这些因素。

第五节 本书关键术语

一、企业社会责任

在本书中，企业社会责任是在法律和道德规范约束下，对企业利益相关者产生影响的负责任的、非以营利为目的的企业管理行为。

二、企业财务绩效

企业财务绩效反映了公司的财务状况和价值。

三、社区贡献

社区贡献涵盖了企业在其开展业务的地区、国家和全球大环境中的承诺和贡献。它反映了企业的公民意识、慈善捐赠和志愿服务。社区贡献涵盖企业的人权记录及其供应链的处理方式。它还涵盖了企业产品和服务的环境和社会影响，以及符合可持续发展战略的产品、流程和技术的开发。

四、员工关系

员工关系包括披露员工的多元化、劳动关系和劳动权利、薪酬、福利以及员工培训、健康和安全方面的政策以及工作计划和绩效考核。这一指标的评价重点为企业政策和计划的质量、国家法律法规的遵守情况以及积极主动的管理举措。该类别包括对包容性多元化政策的评估、对所有员工的公平对待、稳健的多元化（EEO-1）计划和培训、劳动力多元化数据的披露、强有力的劳工准则（涉及国际劳工组织的核心标准）、综合福利、员工未来发展机会、员工健康和安全政策、行业特定安全培训、经过检验的安全管理体系以及积极的安全绩效记录。

五、环境问题

环境问题涵盖了企业与整个环境的相互作用与影响，包括自然资源的使用以及企业对地球生态系统的影响。该类别评估企业的环境绩效、是否遵守环境法规、减轻环境破坏痕迹、通过适当的政策和战略应对气候变化的领导力、节能运营、可再生能源和其他替代资源技术的开发、环境来源的风险披露以及对未来减少环境破坏行为的承诺、实施自然资源保护计划、污染预防计划、开展可持续发展战略、将环境可持续性战略与管理层和董事会相结合。

六、企业治理

企业治理涵盖政策和程序的披露、董事会的独立性和多样性、高管薪酬、对利益相关者的关注以及对公司道德和文化的评估。企业治理是指决定企业发展方向、企业道德和绩效的领导结构和价值观。该类别对以下四个因素进行评级：①企业政策和经营行为是否符合可持续发展目标。②企业的管理行为对利益相关者是否透明。③员工是否适当参与企业管理。④是否自上而下将可持续发展原则融入企业日常运营。企业治理重点关注管理层如何致力于推进可持续发展和履行企业责任。

七、效率值

效率值（Efficiency Ratio，ER）用来衡量银行产生收入时所耗费成本的效率。效率值是银行业最常用的盈利比率之一。计算方法为非利息支出除以非利息收入与净利息收入之和。

第二章 美国经济发展概述

第一节 美国经济现状

危机是历史常态，而非例外。我们时常听到这样一个预测世界经济将进入下一个大萧条时代。这或许是危言耸听又或者是经济循环的必然过程，纵观"二战"之后世界经济格局的发展与变化，几乎每隔 7~14 年，就会有一次经济震荡，每次经济震荡必然导致整体经济格局的变化和反思。如今距离2008 年金融危机的"黑色 18 月"已经过去了很多年，后金融危机时代催生的新世界经济格局也在时间反复的检验下发生着转变，西方去全球化、技术保护、贸易保护等新的发展战略似乎与这个时代的发展主题格格不入，又具有一定特殊的时代背景，而美国作为西方经济格局的规则制定者，其国内的经济发展状况也被其他国家当作世界经济发展的晴雨表，任何一条美联储的政策似乎都能牵动整个世界经济格局的变化，美联储也似乎成为系统性风险最主要的"制造者"。

一、美国经济概况

美国整体经济呈现多样性，由多个主要部门和行业构成，其中服务业占据经济的主导地位，约占 GDP 的 80%。金融、医疗保健、科技、零售和娱乐等行业在经济中扮演着重要角色。虽然制造业、农业有着一定的行业萎缩趋势，但仍然在美国经济中占据重要地位。根据美国商务部公布的数据，2019 年，美国国内生产总值（GDP）为 21.4 万亿美元，同比增长 2.3%，约占全球 GDP 的 20%。尽管增长率略有放缓，但美国经济在过去几十年中仍然保持着稳定的增长，规模仍然在不断扩大。其经济增长的主要驱动力来自于消费支出、企业投资、高新技术企业的发展以及扩张性的货币与财政政策。然而，美国经济的发展也面临着数个严峻的挑战。主要体现在以下两个方面：首先，全球经济环境的不确定性对美国经济构成了反向压力。贸易战、外部需求收紧、地缘政治风险和其他因素直接导致全球经济增长放缓或衰退，从而对美国经济产生负面影响。其次，美国国内政治环境的不稳定性也对政府债务上限、财政预算赤字等问题产生影响。

二、科技创新和数字经济

技术创新是推动经济增长的重要因素之一。美国一直是全球科技创新的领导者。硅谷地区集聚了众多的科技公司和初创企业，推动了数字经济的快速发展。近年来，虽然美国在宏观经济上持续处于低迷状态，但在高科技领域仍取得了显著进展，如人工智能、云计算、大数据等。这些技术的发展为美国经济带来了新的机遇和挑战，同时也为美国经济带来了新的增长点。例如，人工智能技术的应用可以提高生产效率、降低成本并创造新的就业机会。云计算和大数据技术的发展也为各行各业带来了巨大的商业价值。然而，技术创新也为美国经济的发展带来了诸多挑战。任何革命性的技术改变都可能导致特定行业的工作岗位减少或消失。例如，自动化技术的应用可能导致一些传统制造业岗位的消失。同时，技术创新可能导致收入与贫富差距的扩大。高科技领域的就业机会往往集中在少数精英手中，而其他阶层则面临就业压力。

三、贸易战与"去全球化"

贸易战是当前全球经济面临的一个重要问题，而美国又是全球最大的贸易国之一，与世界各地保持着广泛的贸易往来。美国作为国际贸易政策的主要"制定者"之一，在一定程度上对国际贸易与全球化的推进发挥着至关重要的作用。然而，近年来美国政府在与多个国家的贸易争端中采取了一系列"去全球化"措施，包括征收关税、限制进出口等，以达到保护本国产业的政治目的。这些措施对全球经济产生了重大影响，导致部分地区进出口贸易萎缩、经济低迷等问题。对于美国经济来说，贸易战的影响是双重的。一方面，由贸易战所引发的反制措施可能导致美国出口下降，进而影响经济增长；另一方面，贸易战也可能导致进口商品以及国内商品价格上涨，进而推高通货膨胀。此外，贸易战还直接导致全球供应链的破坏和生产效率的下降，进一步影响包括美国在内的全球经济发展。

四、政府干预和经济政策

政策调整是政府为了应对经济和社会变化而采取的措施。美联储是美国的中央银行，负责制定货币政策。同时，联邦政府通过税收和支出政策来调控经济活动。虽然美国一直标榜自由市场与经济，但政府一直在经济发展中扮演重要角色，通过货币政策和财政政策来影响经济的发展。从美联储对利率的调整已经看出政府干预对美国 CPI 以及全球货币价值与经济的影响。针对后金融危机时代美国经济的复苏以及应对全球公共卫生事件之后美国整体经济发展的低迷，美国政府已经采取种种手段进行干预。例如，政府实施了减税计划来增加企业和个人的可支配收入，进而刺激消费和投资支出。此外，政府还增加了基础设施支出和教育支出等领域的投资，以促进经济增长和社会发展。同时，美联储通过调整利率来控制通货膨胀率。然而，利率上调所导致的贷款成本上升和企业投资意愿下降等问题，也成为此次经济干预的后遗症。

五、社会不平等问题和存在的挑战

（一）收入和财富不平等

美国面临着严重的收入和财富不平等问题。根据最新数据显示，最富裕的家庭和个人（约占美国总人口的 1%）其家庭的总净资产约占全美家庭净资产的 26.5%，与 2019 年对比增长 1.5%。与之对比，底层收入群体（约占美国总人口的 20%）净资产在全美财富中所占的份额从 7% 跌至 6%。不平等问题也在健康和社会保障方面产生着负面影响。低收入群体通常面临更高的医疗费用和较低的医疗保险覆盖率，这直接导致健康问题在底层群体中普遍存在，并对他们的生活质量和就业机会造成负面影响。这种不平等的财富分布直接导致美国社会经济机会的不公平，从而影响资本的流动性和经济增长。同时，不平等问题可能对社会凝聚力和政治生态产生负面影响。当人们感到经济机会和财富分配不公平时，可能引发社会不满和政治动荡。这可能导致社会分裂和政策不稳定，对经济的发展和资本的流动产生负面影响。

（二）就业压力

由全球公共卫生事件导致的企业倒闭潮与远程经营模式的普及直接导致了美国失业率与收入水平的恶化。企业在收缩规模控制成本的同时使得低收入人群与不充分就业人群的生存压力不断上升。失业率上升以及企业生存空间的压缩直接限制了美国经济的发展。对比目前美国高等教育与私立基础教育的成本以及社会收入差距，低收入家庭和社会经济弱势群体可能无法获得高质量的教育和培训机会，这一现状限制了美国各阶层就业和收入差距的缩小。此种教育资源的不平均可能导致技能匹配问题，从而影响整体经济的生产力和创新能力，并引发大面积结构性失业。

第二节　金融危机对美国经济的影响

一、金融危机之前美国经济发展情况

2008 年前，美国经历了一段较长的经济增长期。这一时期的美国经济发展涉及多个方面，包括就业市场良好、股市繁荣、低通胀率和房地产市场飞速发展等。

自 1992 年以来，美国经济连续扩张了近 16 年，成为美国现代历史上最长的经济扩张周期之一。这一漫长的增长周期也为美国日后主导世界经济打下了基础。① 这一增长周期是由多个因素驱动的，包括科技创新和经济全球化。在这段时间内，美国在众多领域尤其是金融领域的发展使得美国经济对资本以及资本衍生工具的利用达到了前所未有的地步。在这段时间里，美国就业市场强劲，企业的扩张性发展为美国经济社会提供了大量的就业岗位。失业率长久保持相对较低水平，各个行业借助资本的扩张与全球化经济的发展极速扩大规模。尤其是科技、金融和服务业等部门经历了快速增长，这为美国提供了充足的就业岗位。此外，创新和技术进步也推动了就业市场的发展，为新兴产业和领域创造了更多的工作岗位。

这一时期的美国股市一如疯跑的公牛，在资本的驱动下疯狂扩张。股票市场指数如标准普尔 500 指数和道琼斯工业平均指数达到历史最高水平，投资者在这一资本膨胀中均获得了可观回报。这一时期的股市繁荣主要受益于企业利润增长和投资者对前景的乐观预期。股市的繁荣也为企业融资提供了便利，推动了经济的进一步扩张。与此同时，美国通胀率在此段时间中保持相对较低水平，整体物价水平相对稳定。这有助于维持消费者购买力，并极大地刺激了消费支出。低通胀率也为企业提供了稳定的商业环境，使其能够进行长期规划和投资。此外，低通胀率还维持了货币的稳定价值，也促进了美国对外经济活动。

2008 年前，美国金融系统经历了大量创新，同时也伴随着庞大的债务增长。金融创新包括引入复杂的金融产品和衍生工具，如抵押贷款债券和相关衍生品。这些金融创新为金融机构提供了更多的投资方式，同时也提供了更多的贷款和借款选择。但这些创新也给美国金融系统带来了更多的

---

① 据世界银行（World Bank）历年公布的数据，美国自 1992 年开始，GDP 连续 16 年正增长，同时期通货膨胀基本稳定在 2%～3%。这 16 年，美国经济始终维持较高活力，稳定的经济增长也进一步强化了美元在国际货币与国际贸易结算中的地位。世界其他地区出于对美国经济发展前景的信任以及对美元贸易体系的依赖，使美国借助美元与经济"全球化"趋势进一步强化了在世界经济体系中的主导地位。

风险和不确定性。

这一时期也是美国地产行业的繁荣时期。房价普遍上涨，房屋销售和建造异常繁荣。这一地产行业的现象级发展主要得益于低利率的货币环境以及投资者对房地产的乐观预期。许多美国人在这一时期将资本大量投入房地产市场，同时也埋下了金融危机的种子，最终导致严重的房地产市场崩溃和全球金融危机的发生。

债务增长是这一时期的另一个重要特征。个人和家庭的债务水平迅速增长，许多人借贷购买房屋和其他消费品。金融机构和企业也不断增加贷款，以支持资本扩张和投资活动。这种债务增长在一定程度上为美国经济提供了增长的动力，但也加剧了金融系统和经济的脆弱性。

二、金融海啸的爆发

2007 年 12 月至 2009 年 6 月全球金融危机，又称世界金融危机、次贷危机、信用危机，是美国自 1929 年经济大萧条以来最严重的经济危机。由房地产市场崩溃和金融机构信贷问题引发的次贷危机快速破坏美国经济并席卷全球，全球金融市场动荡不安，信贷市场紧缩，企业投资和消费下降，失业率上升。金融危机在重创整个金融体系的同时还引发了信任危机，民众和企业对经济前景感到担忧，进一步削弱了经济活动。一夜之间，美国经济陷入严重的衰退，数百万人失去了工作，许多家庭陷入经济困境。失业问题对经济和社会产生了广泛的负面影响，消费支出下降，房地产市场进一步下滑，经济活动放缓。

为了应对此次金融危机，美国政府和美联储采取了一系列紧急措施。政府实施了各种财政刺激计划，包括支持金融机构和刺激经济增长的措施。例如，2008 年 10 月美国国会通过了《紧急经济稳定法案》，为金融机构提供数千亿美元的救助资金。此外,政府还通过减税和增加政府支出来刺激经济增长。美联储采取了货币宽松政策,降低利率,大量购买政府债券与抵押货款债券来增加货币供应量,希望以此促进资本市场的流动性和经济的复苏。

三、金融危机发生的原因以及措施

(一)金融危机发生的原因

在 2008 年的美国金融危机中,房地产市场崩溃所引发的次贷危机是导致此次金融海啸的主要原因之一。在危机之前的几年中,美国房地产市场经历了一段蓬勃发展时期。房价普遍上涨,这促使更多人购买房产,许多金融机构为提高业绩采取更宽松的贷款标准和低利率政策。然而,许多抵押贷款借款人信用记录较差甚至不符合借贷条件,这无疑大大降低了贷款质量。在投资者和借款人的过度乐观情绪下,房地产价格持续上涨的假象长时间存在,这也间接导致了房地产市场的过度投资和泡沫的形成。同时,为快速回款,部分金融机构将大量抵押贷款打包成抵押贷款债券和担保债务证券,将它们出售给投资者。这种证券化过程使金融机构能够将风险转移给其他投资者,从而释放了更多的资金用于发放新的贷款。然而,这也导致了抵押贷款风险的不透明性和数量的扩大化。次贷市场的迅速膨胀使大量风险集中在房地产市场中,当房地产泡沫破裂时,大量抵押贷款违约,导致房地产市场瞬间崩溃,房价大幅下跌,银行和金融机构遭受了重大损失。

在金融危机之前,监管机构未能有效监管和约束金融机构的行为。金融机构在追求利润最大化的同时,并没有充分考虑风险和贷款质量。一些复杂的金融创新产品使金融风险难以评估和管理。这导致了金融机构和投资者在面临房地产市场崩溃时无法及时应对风险。在这些因素相互作用下,最终引发了 2008 年的美国金融危机。这场危机对全球经济产生了重大影响,并促使各国反思并进一步加强金融体系监管和改革，以防止类似的危机再次发生。

（二）金融危机引发的反思与改革

金融危机的爆发使美国首先对金融监管体系进行了改革，以强化对金融机构和市场的监管。通过建立更为严格的监管制度，以及增强监管机构的职权，加强了对房地产市场的风险管理。为了避免类似的次贷危机再次发生，美国金融体系加强了贷款审查程序，并制定了更为严格的贷款标准。金融机构开始更加慎重地评估借款人的信用状况和还款能力，以减少高风险贷款的发放。

为了保护消费者权益并防止潜在的欺诈行为，美国金融机构也加强了对消费者贷款产品的监管限制。制定了更为透明和可理解的贷款文件和条款，确保消费者能够充分了解其贷款合同的内容和风险。同时为了提高市场的透明度，同步改进了数据收集和报告机制，确保准确和及时的房地产市场信息供投资者和监管机构使用，降低市场的不确定性和投资风险。为确保房地产市场的复苏，美国政府也采取了一系列措施，例如，通过降低利率、提供税收激励和刺激房地产消费政策等方式来促进房地产市场的活跃度以稳定房地产市场并促进整体经济的复苏。综合来看这些措施的目标是增强金融系统的稳定性，减少投资风险，保护消费者权益，并促进房地产市场的健康发展。

四、银行等金融机构暴露的问题

许多银行以及金融机构在房地产市场崩溃后面临巨大的问题。它们持有大量与房地产相关的资产，这些资产的价值急剧下降，导致这些机构的资产大幅缩水。这些金融机构还参与了一些高风险金融工具的投资，如抵押贷款债券和衍生品，这使本就脆弱的金融系统更加容易受到市场价格动荡的冲击。

在金融危机之前，金融行业经历了快速的创新和金融产品复杂化进程。

许多金融产品和衍生工具也在这一时期应运而生,这也增加了市场风险的不确定性。许多金融机构发明了很多复杂的金融工具,如抵押贷款支持证券(MBS)、债务抵押证券(CDO)等。这些产品的复杂性使得评估其真实价值和风险变得极为困难,甚至超出了许多投资者和监管机构的能力范围。这加剧了市场上买卖双方信息的不对称,投资者根本无法全面了解他们所购买的产品风险。

金融产品的复杂性使其难以被普通投资者和一般公众理解。许多金融机构销售这些复杂产品时,对其真正的运作机制和风险进行了不充分或误导性的解释。这导致了投资者对产品的真实性质和潜在风险缺乏清晰的认识,从而增加了市场的不确定性。金融产品的创新和复杂性也加剧了杠杆效应的影响。一些金融机构利用复杂的金融工具和高杠杆,放大了其投资风险。当市场情况恶化时,这些金融机构面临的损失也成倍增加,从而对金融体系造成更大冲击。

金融危机也暴露了监管制度的缺陷。监管机构没有有效监控和约束银行的过度资本膨胀化。此外,一些监管规定和制度存在漏洞,未能充分应对金融市场的新挑战和风险。

针对2008年金融危机的严重后果,美国政府和相关机构采取了一系列应对措施,以稳定金融体系并促进经济复苏。美国政府首先实施了资产救助计划,向濒临破产的金融机构提供数千亿美元的救助资金。这些资金用于购买不良资产、注资金融机构和稳定金融市场。

在资金注入市场的同时,美国政府着重对一些重要的金融机构进行了救助和重组,以防止它们的崩溃对整个金融系统造成进一步破坏。例如,政府采取了收购措施,将一些濒临破产的银行转为国有或半国有机构,并提供资金支持。在采取财政政策稳定市场的同时,美联储采取了一系列货币政策措施，包括降低利率和提供大量流动资金，以稳定金融市场和促进信贷流动。此外，美联储还实施了一系列非常规货币政策措施，如量化宽松政策和资产购买计划。

为了防止类似危机再次发生，2010 年 7 月美国政府通过《多德-弗兰克华尔街改革与消费者保护法》（以下简称《多德-弗兰克法案》）等一系列改革措施，增强了金融机构的监管力度，提高了资本要求和风险管理标准，加强了金融市场的透明度和稳定性。在处理国内"烂摊子"的同时，积极促进与各国政府和国际金融机构之间的密切合作，提供财政支持、加强金融监管合作和改革国际金融体系等共同行动应对金融危机。

这些措施在一定程度上稳定了金融市场，避免了更严重的金融崩溃，并对经济复苏产生了一定的积极影响。然而，2008 年金融危机的影响仍然存在，直到现在美国经济仍处于广义上的恢复阶段。值得庆幸的是这次金融危机引发了美国政府对金融体系的深刻反思和改革，也进一步促进了企业社会责任在银行等金融体系的应用与探讨。

第三节　后金融危机时代美国经济发展情况

在后金融危机时代，美国经济经历了一个漫长的复苏和发展过程。通过两年的努力，美国 GDP 增长率逐渐恢复至发达国家平均水平，但具体增长率也会因经济周期等系统性因素（如 COVID-19）的波动而有所变化。在过去几年中，美国的 GDP 增速基本维持在 2%~3%。尽管增长速度有所波动，但随着经济复苏，美国的整体经济呈现出稳定增长的态势。经济复苏和增长主要得益于财政刺激政策、货币宽松政策以及消费和投资的回升。金融危机后，美国政府进行了一系列财政改革和金融监管措施，以加强金融体系的稳定性。例如，美国实施了《多德-弗兰克法案》（Dodd-Frank Act），增强了金融机构的监管和风险管理。这些措施旨在减少金融市场的风险，提高金融体系的稳定性。

金融危机所导致的美国失业问题，随着经济的复苏也在逐渐改善。截至2019年，美国的就业市场相对健康。根据美国劳工部的数据，失业率基本维持在5%的水平。随着经济复苏，投资者信心的恢复、企业盈利的增长以及宽松的货币政策等因素都促使股市逐渐向好发展。金融危机中受冲击最大的房地产行业也随着时间的推移逐渐恢复。房价也逐渐恢复正常，房屋销售和建筑活动回暖，房地产市场的复苏对经济增长和就业市场的改善起到了积极的作用。金融危机后制造业也逐渐复苏，出现了新的增长机会，美国继续致力于制造业的"本土化"回归和创新技术的发展。一些新兴产业如信息技术、生物医药技术和可再生能源等蓬勃发展，为经济增长带来了新的动力。

第四节　全球公共卫生事件之后美国的经济发展

2020年以前，美国经济数年来保持着相对稳定的增长态势。然而，此次全球公共卫生事件的蔓延给美国经济带来了巨大冲击。美国的实体经济停摆，金融市场暴跌，股市连续四次熔断。美国经济似乎在经历另一场持续时间更久的"金融危机"。

2020年全球公共卫生事件的暴发也在很大程度上改变了美国经济结构，

服务业等第三产业受抑制的同时，耐用品、生活物资等实物需求陡增。但这一事件对于美国经济的影响不仅是短期的结构性的冲击，也有长期的影响。

一、全球公共卫生事件加速美国产业升级

经历过这一事件后，美国开始加速产业升级，政府增加对新兴产业以及新能源的开发以降低美国经济对境外因素与全球化的依赖。美国政府开始助力制造业回归与本土化生产，美国国内制造业在整体经济中的占比开始缓慢回升。然而制造业的回归也有客观因素阻碍，美国制造业早期"逃离"本土主要源于经济发展阶段较为成熟导致的人力成本过高以及劳动力技能不匹配等结构性因素，然而现阶段美国并无法解决这一问题，因此美国制造业的回归十分缓慢，经济的发展与 2021 年后的复苏无法完全依靠制造业的回归。

（一）用扩张新产业代替制造业回流

此次全球公共卫生事件令美国重新思考"全球化"经济发展格局，并开始布局新的全球供应链，据悉，美国近 52% 的制造业企业计划重新构建生产与物流布局，同时大量美国制造业企业也在推进数智化与信息化的应用。尽管重塑传统制造业在美国存在客观上的成本问题，但大力发展绿色经济与数字经济等新兴产业则成为减少对外依赖、布局未来的重要契机，也成为美国财政下一步的倾斜点。2021 年后的美国政府已经转变对传统制造业回归本土的执念，而是将长期战略定位在通过大规模财政刺激助力新兴产业发展的远期布局，通过新的角度恢复美国制造业的升级。美国将大力增加对未来技术的投资，包括基础计算技术和智能制造领域，以实现美国在经济、健康、生物技术、能源、气候和国家安全等领域的战略目标。

过去很长一段时间，美国从贸易顺差走向贸易逆差是产业结构调整、制造业占比下降的结果。但随着制造业占比的回升，美国贸易逆差持续扩张的压力并未缓解。美国制造业占比上升并非传统制造业回流，而是新兴制造业产业极速发展的结果，但同一时期中国、欧盟等大型经济体都在推动绿色经济与数字化经济，可以说世界各主要经济体同时处于新兴产业竞赛阶段。在此阶段，与新兴产业相关的资源需求快速扩张，加之美国"去全球化"趋势的增长，美国在传统制造业本土化增长缓慢，与世界其他主要经济体竞争加剧的情况下，新的产业布局也面临诸多挑战。

（二）房地产行业的再回归

2016~2026 年美国购房年龄段人口增速触底回升意味着美国正处于 10 年地产上升周期的中间位置。2020 年地产销售金额创新高也是长短期因素共振的结果。未来 5 年美国地产投资仍将处于"景气"状态。一旦基建落地，基建叠加地产等固定资产投资方向将对金属加工、非金属矿物制品、木制品、电气设备、机械以及塑料橡胶等制造业领域形成提振。新能源政策又将直接推动能源、新能源汽车等制造业领域发展。房地产行业的再度回暖也是美国政府希望看到的。如今美国地产行业虽由于此次全球公共卫生事件出现阶段性的回缩，但是整体行业发展相对平稳。

二、美国就业市场结构性变化

（一）未来美国制造业就业人数占比大概率有所回升

自 20 世纪 70 年代以来，每一次经济衰退美国就业市场都会出现结构性变化。本次的疫情冲击，产业结构的调整，也引发了美国就业结构变化。未来 10 年美国老龄化程度将持续加剧，但各年龄段人口占比变化对比整体人口结构变化来说相对温和，加之美国高等教育普及率相对较高，因此人口结构及受教育程度等因素对 2021 年后美国就业结构的影响有限。据此可以预测产业结构变化将成为下一阶段影响美国就业结构的关键。假如未来 10 年美国在政策推动及地产上升周期延续的宏观经济背景下制造业占比回升、服务业占比小幅回落，理论上，就业结构也将呈现出制造业就业占比回升、服务业就业占比回落的趋势。

（二）全球公共卫生事件之后美国劳动力市场的"年轻化"现象

在过去的 3 年间，疫情对美国经济的影响逐渐减弱。然而三年疫情对美国民众心理以及行为将形成短期难以改变的影响。由于此次全球公共卫生事件的原因迫使部分 50 岁以上年龄段群体提前退休离开就业市场，这将令美国参与就业的劳动力整体出现短暂的"年轻化"现象，尤其以金融、公共管理等服务业最为突出。

三、美元与通胀

（一）美元长期走势

综合全球公共卫生事件之后世界各个主要经济体数据来看，今后数年全球经济走势将趋于短暂滞胀状态。综合美国近期经济政策，美国政府大概率将降低美国新兴产业领域的对外依赖度，但传统制造业对外依赖、房地产上升周期以及页岩油供给减少后再次出现原油贸易逆差的前景都表明美国整体贸易逆差难以改善。纵使美元汇率由于美联储连续加息在近一年针对世界其他主要货币增长明显，但从长期来看，美元汇率是贸易逆差、通胀周期的结果。贸易逆差扩张、通胀居高不下对美元的消极影响无法避免，因此未来 8~10 年美元大概率将处于贬值周期。

（二）未来美国通胀将持续保持较高水平

目前，全球经济发展已经接近第四轮产业调整尾声，通胀水平整体高于 2021 年前。同时美国及世界各主要经济体新兴产业与新能源发展竞赛等因素将大大提高实物资产需求。在短期内，各市场尤其是能源市场将处于短暂的卖方市场状态，这也间接导致通胀的上涨。同时，此次全球公共卫生事件期间美国政府开足马力的印钞行为也加剧了美国国内的通货膨胀，随之而来的财政预算赤字上升、美国国债高利率发行都将导致美国在未来相当长一段时间内处于高通胀状态。

四、2021 年后美国经济面对的挑战与应对措施

（一）经济复苏和就业问题

2021 年后，美国经济正面临多个方面的挑战，包括政府债务、公共卫生、经济复苏、社会平等、数字化转型和国际合作等。

在当今全球经济背景下，美国政府债务预计将超过 50 万亿美元的猜测引发了全球对美国经济发展的担忧。同时，这一数字也充分说明目前美国财政金融体系的空虚。近年来，美国政府的债务呈现出惊人的增长趋势，以平均每天约 52 亿美元的速度飙升，这些巨额的债务和赤字增长带来的财政挑战不仅局限于政府层面，而是早已对美国整个经济体系产生了深远的影响。首当其冲的就是债务负担的增加将对美国的信用评级产生影响，这将直接导致债务成本的上升，进而加剧美国财政压力。此外，对赤字和债务的长期忽视可能导致投资者对美国经济可持续性的信心下降，影响整个金融市场与货币市场的稳定，甚至对全球经济造成波及。美国政府为了应对债务，可能不得不收紧财政政策措施，如减少财政支出等，这将直接冲击经济和就业市场。

如何解决这一挑战将对美国未来的经济和金融形势产生重大影响。有效解决债务增长带来的问题需要政府、企业和社会各界的共同努力。唯有全面合作、创新政策和长期规划，才能扭转目前美国停滞的经济发展状态。为了有效应对债务和赤字增长带来的财政挑战，美国政府需要采取一系列综合性措施。这包括优化财政支出结构，寻求更有效率的支出方式，并逐步减少不

必要的支出项目；同时，调整税收政策以增加政府收入，寻求更加公平和可持续的税收方式。

鼓励经济增长和创造就业也是缓解财政压力的关键措施。通过制定促进创新和产业发展的政策，推动经济的多元化增长，有望使美国政府增加财政收入，减轻债务和赤字带来的压力。同时，美国政府可以对个体、公司采取现金补贴、增加事业补贴、提供医疗保险保障、扩大基础设施建设、加强职业培训和教育、帮助失业人员重新就业、提高劳动力的市场适应能力等措施，以上措施可以减轻此次全球公共卫生事件对美国民众生活、工作造成的冲击，促进消费，保证经济的正常运转。

在美国经济的整体布局中，中小企业是美国经济的重要组成部分，也是就业的主要来源。为了帮助中小企业渡过难关并促进就业增长，美国政府可以鼓励银行等金融机构通过向中小企业提供低息贷款和资金支持、减税、加强创新和创业支持等举措降低中小企业的生存成本。另外，加大对基础设施建设的投资，可以刺激经济增长和就业。美国可以加大对交通、通信、能源、水利等领域的投资，同时注重可持续发展和绿色技术的应用，以推动经济的转型和可持续发展。加强对科技产业的支持，鼓励创新和科技研发，推动经济的增长和就业机会的增加。美国政府可以通过提供研发资金、制定创新政策和减少创业壁垒等方式，培育创新创业生态系统。

（二）社会公平问题

此次全球公共卫生事件加剧了美国社会的公平问题。为了应对这一挑战，美国需要采取措施完善社会救助和福利体系，重视社会的公平和包容性。确保经济增长的红利惠及所有人，减少收入和财富差距，提供平等的就业机会和资源，特别关注受此次事件影响最严重的弱势群体，确保弱势群体得到充分保护和支持。此外，加强教育机会平等、职业机会均等方面的工作，减少贫困和收入差距。为缩小教育和技能差距，美国政府加大了对教育和技能培训的投资。通过提供财政援助、职业培训项目和学校改革措施，以确保更多的低收入家庭和少数群体能够获得高质量的教育和培训机会。

美国政府在此次全球公共卫生事件期间还实施了一系列的经济援助和福利措施，包括直接向个人发放经济刺激支票、失业救济金、食品券等。这些措施旨在提供紧急资金和基本福利，帮助那些受到疫情冲击最严重的低收入家庭和弱势群体。但这些措施仅能解决一时的问题，并不能作为长久之计。为解决工资不平等问题，部分州和城市提高了最低工资标准，逐步将最低工资提高到每小时 15 美元以上，以提高低收入人群的生活水平和经济安全感。为减少就业歧视和提供更多的公平就业机会，美国政府加强了对歧视行为的监管和执法。此外，部分地区还实施了禁止询问申请人薪资历史和犯罪记录的政策，以减少对弱势群体的不公平对待。

为解决住房不平等问题，美国政府加强了对公平住房法的执行，并增加了对低收入家庭的住房补贴和援助。此外，一些城市也实施了社区发展项目，以改善低收入社区的基础设施和服务。为提供更广泛的社会保障和福利，美国政府扩大了医疗保险覆盖范围，并加强了对医疗和心理健康服务的支持。此外，一些州还改善了家庭和儿童福利计划，以支持低收入和弱势家庭。

这些措施旨在缓解社会不平等，缩小贫富差距，提供更多的机会和福利，特别是针对受疫情影响最严重的群体。然而，解决社会不平等问题是一个长期的挑战，需要持续的努力和综合性的政策措施。

（三）数字化转型和科技发展

此次全球公共卫生事件加速了数字化转型和科技发展的需求。美国需要加大对数字基础设施的投资，提高社会整体数字化技能和创新能力，以推动经济的创新和增长。同时，确保数字化转型的普惠性。为推动数字化转型，美国政府加大了对数字基础设施的投资，包括扩大宽带互联网的覆盖范围、提高网络速度和质量，以满足日益增长的数字需求。为推动科技创新和数字化转型，美国政府提供了更多的支持和资源给创业者和初创企业。通过提供风险投资、创业孵化器、技术转移计划和创新竞赛等，帮助创业者实现成果转化。

为推动科技发展，美国政府增加了对科技研发和创新的支持。通过增加科研经费、提供税收优惠和创新补助金，鼓励科技企业和创新团队进行前沿科技研究和技术创新。为适应数字化转型的需求，美国政府加强了数字技能培训的推广。通过提供在线学习资源、职业培训课程和技术认证计划，帮助劳动力提升数字技能，适应数字化工作环境的要求。随着数字化程度的提高，数据隐私和网络安全问题变得尤为重要。美国政府加强了对数据隐私和网络安全的监管和保护措施，制定了更严格的数据保护法规，并加大了对网络攻击和数据泄露的打击力度。为应对数字化转型和科技发展带来的挑战，美国政府加强了数字经济政策的制定和协调，包括制定数字化经济战略、推动数据共享和开放标准、加强政府与科技企业的合作等，以促进数字经济的发展和创新。

通过以上措施，美国力图推动数字化转型和科技发展，提高国家的科技创新能力和竞争力。这些措施有助于提升数字基础设施水平、培养数字技能人才、保护数据隐私和网络安全，以及促进科技创新和创业活动。然而，数字化转型是一个持续的过程，需要不断的政策和投资支持，以应对不断变化的科技发展和挑战。

第三章　美国银行业发展进程

第一节　美国银行业简介

美国银行金融系统是一个庞大而复杂的体系，由各类型金融机构和不同的监管机构组成。它在全球范围内具有重要的地位和影响力。就全球金融格局而言，美国银行业有着举足轻重的地位，是世界资本运行的重要枢纽，也是世界金融秩序的制定者之一。

一、银行类型

美国银行体系包括不同类型的银行，如商业银行、投资银行、储蓄银行、合作银行和中央银行等。

（一）商业银行（Commercial Banks）

商业银行是美国银行金融系统的核心组成部分，通常是股份有限公司形式。商业银行接受存款，并提供各种贷款和信用产品，包括个人贷款、商业贷款、房屋贷款和信用卡服务等。商业银行还提供其他金融服务，如资金转移支付处理和资产管理，旨在为个人、家庭和企业提供金融服务。以下是美国本土排名前五位的商业银行：

（1）摩根大通（J. P. Morgan Chase & Co.）。摩根大通是美国最大的商业银行，也是全球最大的银行之一。它的业务涵盖几乎所有的金融服务，包括个人银行业务、商业银行业务以及投资银行业务。摩根大通在全美范围内拥有众多的分支机构和自动取款机网络。

（2）美国银行（Bank of America）。美国银行是美国第二大商业银行，总部位于北卡罗来纳州夏洛特市。它提供个人银行业务、商业银行业务和投资银行业务。美国银行在美国境内外拥有众多的分支机构和自动取款机网络。

（3）富国银行（Wells Fargo）。富国银行是美国第三大商业银行，总部位于旧金山。它提供个人银行业务、商业银行业务和投资银行业务。富国银行在全美范围内拥有分支机构和自动取款机网络。

（4）花旗集团（Citigroup）。花旗集团是美国的全球性金融机构，也是最古老的银行机构之一。花旗银行提供个人银行业务、商业银行业务和投资银行业务。花旗集团在全美和全球范围内都有广泛的业务网络。

（5）摩根士丹利（Morgan Stanley）。摩根士丹利是一家全球性的投资银行和财富管理公司，总部位于纽约。它提供投资银行服务、资产管理、证券交易和财富管理等理财与金融衍生业务。

这些商业银行在美国银行业中扮演着重要角色，为个人、家庭、中小企业和大型企业提供金融支持和服务。它们庞大的规模和业务范围使其成为美国经济的重要支柱。

（二）投资银行（Investment Banks）

投资银行在美国金融系统中扮演着重要角色。它们为企业和政府提供融资、并购、证券发行和资本市场交易等服务。投资银行还参与股票交易、债券交易和衍生品交易等金融市场活动。美国主要有以下五家投资银行：

（1）摩根士丹利（Morgan Stanley）。摩根士丹利是一家全球性的投资银行和财富管理公司，总部位于纽约。它提供广泛的金融服务，包括企业融资、并购咨询、证券发行、资本市场交易和资产管理等。

（2）高盛集团（Goldman Sachs）。高盛集团是一家全球知名的投资银行和证券公司，总部位于纽约。高盛集团提供投资银行服务、证券交易、资产管理和私人财富管理等业务。

（3）摩根大通（J. P. Morgan Chase & Co.）。摩根大通是一家综合性金融机构，既是商业银行也是投资银行。它在投资银行领域提供广泛的服务，包括企业融资、并购咨询、资本市场交易和证券发行等。

（4）花旗集团（Citigroup）。花旗集团是一家全球性的金融机构，既是商业银行也是投资银行。它提供投资银行服务、证券交易、资产管理和财富管理等业务。

（5）巴克莱银行（Barclays）。巴克莱银行是一家总部位于英国的全球投资银行，它在美国也有广泛的业务。巴克莱银行提供投资银行服务、资产管理、证券交易和财富管理等业务。

这些投资银行在美国和全球范围内扮演着重要角色，参与各种企业融资、并购交易、资本市场交易和金融咨询等活动。它们的专业知识和资源使其成为企业和机构在金融市场中获取资金和实现战略目标的重要合作伙伴。

（三）储蓄银行（Savings Banks）

美国储蓄银行是一种特定类型的金融机构，专门为客户提供储蓄和贷款服务。储蓄银行的主要经营目标是吸收个人和家庭的储蓄存款，并将这些资金用于向客户提供住房贷款和其他消费贷款。美国储蓄银行有以下四个特点：

（1）储蓄业务。储蓄银行接受个人和家庭的储蓄存款。这些存款通常以较低的利率存入，以提供给其他客户贷款使用。储蓄账户通常具有较低的最低存款要求，并且定期提供利息收益。

（2）住房贷款。储蓄银行是提供住房贷款的主要机构之一。它们向购房者提供抵押贷款，帮助他们购买高价值固定资产。这些贷款通常具有较长的还款期限和固定的利率，以帮助借款人更好地规划还款。

（3）社区导向。储蓄银行通常在本地社区中运营，并且对本地社区有较深的了解和参与度。它们致力于为当地居民提供金融服务，并支持社区的发展和经济增长。

（4）监管和保险。储蓄银行受到联邦和州级监管机构的监管。它们必须遵守相关的法律和规定，以确保安全和稳定运营。此外，储蓄银行的存款通常由美国联邦存款保险公司（FDIC）提供担保，以确保存款人的资金安全。

需要注意的是，储蓄银行与商业银行有所不同。商业银行通常提供更广泛的金融服务，包括商业贷款、信用卡服务和国际业务等。而储蓄银行则专注于储蓄和住房贷款业务。

（四）合作银行（Cooperative Banks）

在美国，合作银行是一种特殊类型的金融机构，它以合作社的形式运营。合作银行是合作成员拥有和控制的银行，旨在为成员提供金融服务。合作银行的目标是满足成员的金融需求，而不是追求银行本身利润最大化。合作银行的类型包括信用合作社（Credit Unions）和农村合作银行（Farm Credit Banks）。其特点包括以下五个：

（1）成员所有。合作银行的特点是它们由成员所有和控制。成员可以是个人、家庭、企业或其他组织。无论合作银行成员在银行中的资金规模大小，每个成员都拥有投票权。这种成员所有制结构确保了银行的决策和运营受到成员的影响和控制。

（2）利益分配。合作银行的盈余通常以一种公平的方式分配给成员，可以通过以利润的一部分作为红利或利息支付给成员，或者通过以利润的一部分作为留存盈余来增加成员的权益。

（3）社区导向。与储蓄银行相似，合作银行通常在本地社区中运营，并且致力于为当地居民和企业提供金融服务。它们通常对本地社区的需求和利益有更深入的了解，并与当地社区密切合作，为社区的发展和经济增长提供支持。

（4）金融服务。合作银行提供各种金融服务，包括储蓄账户、支票账户、贷款、信用卡和其他金融产品。它们的服务范围可以与传统商业银行相似，但在运营方式和经营目标上有所不同。

（5）监管和保险。合作银行受到联邦和州级监管机构的监管，以确保其合规运营。此外，合作银行的存款通常也受到美国联邦存款保险公司（FDIC）或国家合作银行协会（NCUA）的保险保护，以保障存款人的资金安全。

合作银行与传统的股份制商业银行有所不同。合作银行的经营模式更加注重成员的利益和社区的发展，而不是以追求股东利益和盈利为主要目标。

（五）中央银行（The Federal Reserve）

美国银行业受到美国联邦储备系统（Federal Reserve System）的监管。联邦储备系统是美国的中央银行，负责维护金融稳定、监管银行业和制定货币政策。自 1907 年经济大萧条之后，美国国会于 1913 年通过《联邦储备法》建立美联储，其主要功能就是为了应对一系列金融危机与经济大萧条。随着时间的推移，联邦储备系统的角色和职责不断扩大，其结构也不断演变。根据美联储官方文件，美联储今天的职责是执行国家货币政策，监督和管理银行机构，维护金融体系的稳定，并为存款机构、美国政府和外国官方机构提供金融服务。此外，其他监管机构如美国国库部、联邦存款保险公司（FDIC）和证券交易委员会（SEC）等也在不同程度上监管银行业。

（六）其他银行

除上述几种银行以外，美国还有其他类型的银行，如州银行（State Banks）和国际银行（International Banks），它们根据特定的法律和监管要求提供各种金融服务。

二、金融市场

美国金融市场是全球最大、最活跃的金融市场之一，它提供了广泛的投资和交易机会，包括股票市场（如纽约证券交易所和美国纳斯达克证券交易所）、债券市场、期货市场和外汇市场等。这些市场提供了各种金融交易和投资机会，吸引了来自全球的投资者。美国主要有五个金融市场：

（1）股票市场。美国股票市场是全球最大的股票市场之一，主要的股票交易所包括纽约证券交易所（NYSE）和纳斯达克证券交易所（NASDAQ）。这些交易所是上市公司股票的买卖平台，包括蓝筹股、中小型股和新兴科技股等。

（2）债券市场。美国债券市场是全球最大的债券市场之一。美国政府债券（如国债）、地方政府债券和企业债券等都在这个市场上进行发行和交易。债券市场提供了固定收益投资的机会。

（3）期货市场。美国期货市场是全球最重要的期货市场之一。芝加哥商品交易所（CME）和纽约商品交易所（NYMEX）是美国主要的期货交易所，提供大宗商品、金融衍生品和能源产品等的期货交易。

（4）期权市场。美国期权市场是全球最大的期权市场之一。芝加哥期权交易所（CBOE）是主要的期权交易所，提供股票期权、指数期权和其他衍生品的交易。

（5）外汇市场。美国外汇市场是全球最大的外汇市场之一。美国外汇市场提供了各种货币的交易机会。

除了以上金融市场之外，美国还有其他金融市场，如商品市场、房地产市场和私募股权市场等。这些市场提供了多样化的投资和交易机会，吸引了来自全球的投资者。美国金融市场的发展和运作受到多个监管机构的监管，包括美联储、证券交易委员会（SEC）、商品期货交易委员会（CFTC）等。这些监管机构的目标是维护市场的公平、透明和稳定运行，并保护投资者的权益。

三、监管机构

美国银行金融系统受到多个监管机构的管理和监督。其中最重要的是美联储（美国联邦储备系统），它负责货币政策、银行监管和金融稳定。其他监管机构包括美国国家银行监督管理局（Office of the Comptroller of the Currency，OCC）、美国联邦存款保险公司（FDIC）和美国证券交易委员会（SEC）等。

（1）美联储（美国联邦储备系统）。美联储是美国的中央银行，负责制定和执行货币政策，维护金融稳定，管理和监督美国银行体系，并提供支付系统服务。

（2）美国国家银行监督管理局（OCC）。OCC是美国的一个独立机构，负责管理和监督国家银行系统，主要职责是确保国家银行的安全和稳定运营，并保护银行客户的权益。它与其他金融监管机构如美联储、SEC和CFTC等合作，共同维护美国金融市场的稳定和健康发展。

（3）美国联邦存款保险公司（FDIC）。FDIC 是一个独立的联邦机构，负责保护美国银行存款人的权益，以及稳定美国金融体系。FDIC 提供存款保险，确保存款人在银行倒闭时能够获得保障。FDIC 的职能是维护金融体系的稳定性，保护存款人的权益，并监督公平和透明的银行业务。它与其他金融监管机构如美联储、OCC 和 CFPB 等合作，共同确保美国金融体系的安全和健康发展。

（4）美国证券交易委员会（SEC）。SEC 是美国的主要证券市场监管机构，成立于 1934 年。SEC 的使命是保护投资者，维护公平、透明和高效的证券市场，监管证券交易所、经纪人和投资顾问，等等，并促进资本市场的发展。

（5）商品期货交易委员会（CFTC）。CFTC 是负责监管美国期货市场和衍生品市场的机构。它的职责包括监管期货交易所、期货经纪商和交易商，保护市场参与者免受欺诈和操纵行为的影响。

（6）美国财政部（U. S. Department of the Treasury）。美国财政部是美国联邦政府的一个重要部门，负责管理国家财政事务和制定财政政策。财政部的职责涵盖了广泛的领域，包括财政管理、税收政策、货币政策、国际金融事务和执法等。

此外，还有其他监管机构负责监管特定领域的金融活动，例如：

（1）地方和州级银行监管机构，为各州和地方政府设立的机构，负责监管本地银行和金融机构的活动。

（2）联邦住房金融局（FHFA），负责监管房屋抵押贷款市场，包括房屋抵押贷款企业（如房利美和房地美）。

（3）消费者金融保护局（CFPB），负责保护消费者在金融产品和服务方面的权益，监管金融机构的消费者业务。

美国银行金融系统的复杂性和多样性使其成为全球金融市场的重要组成部分。它在促进经济增长、提供融资支持和维护金融稳定方面发挥着关键作用。同时，监管机构的管理和监督也为确保金融体系安全稳健运行发挥着重要作用。在这些监管机构共同努力下，美国金融市场才得以稳定、公平和透明地运行，投资者和消费者的权益才能够得到有效的维护。

第二节　美国银行体系的特点

美国银行体系的特点有两点，即高度分散和竞争激烈。各种类型的银行在不同的市场领域中竞争，提供广泛的金融产品和服务。此外，联邦和州级监管机构负责管理和监督银行，以确保其安全性、稳定性和合规性。

一、多样化与竞争

美国银行金融系统包括各种类型的金融机构，如商业银行、投资银行、保险公司、证券公司、信托公司、基金等。这些机构提供各种金融产品和服务，包括存款、贷款、投资、保险、证券交易和退休计划等。这种多元化业务构成使得金融系统能够满足个人、家庭和企业不同层面的需求。

另外，需要强调的是美国金融市场是一个相对开放和高度竞争的市场。金融机构之间存在激烈的竞争，包括利率、费用、产品创新和客户服务等方面。金融机构竞争的结果是提供更好的产品和服务，降低成本和费用，以及提高效率和创新能力。消费者也从中相应受益，选择最具竞争力的金融产品和服务。竞争激烈的市场环境还促使金融机构不断寻求新的商机和增长领域。这推动了金融科技（FinTech）的发展，引入了新的技术和创新，改变了金融行业的格局。数字支付、在线银行、投资平台和智能合约等技术创新正在改变金融服务的提供方式和消费者体验。

然而，激烈的竞争也可能带来一些负面影响，如过度风险、低质量产品、欺诈行为和不当销售行为。因此，监管机构在确保竞争的同时，也需要加强金融机构监管，保护消费者的权益，维护金融市场的稳定。

二、严格的管理和监督制度

美国银行金融系统通过多个监管机构进行严格的管理和监督。这些监管机构负责制定和执行金融规章制度，监督金融机构的运作，以确保金融系统的稳定性和合规性，并保证客户的资金安全。

（1）监管规章制度。监管机构制定和实施一系列规章制度，包括法律和行业准则，以规范金融机构的行为和运营。这些规章制度涵盖了资本要求、风险管理、合规性、报告披露、反洗钱和反恐怖融资等方面。

（2）审查和批准。监管机构对金融机构进行审查和批准，以确保其符合监管要求和标准。金融机构需要向监管机构提交资本变更、新增服务等申请，并提供相关信息和文件，经过审查和评估后才能获得批准。

（3）监督和检查。监管机构对金融机构进行定期的监督和检查。监管机构派驻监察员或审核团队，对金融机构的运营、风险管理、合规性和内部控制进行检查和评估。这些监督和检查可以是定期的、有计划的，也可以是针对特定事件或问题的特别检查。

（4）报告和披露要求。金融机构需要向监管机构提交各种报告和披露，包括财务报表、风险报告、合规报告和客户信息等。这些报告和披露要求有助于监管机构了解金融机构的状况和风险，并进行风险评估。

（5）惩罚和制裁。监管机构对违反规章制度和监管要求的金融机构进行惩罚和制裁。这可能包括罚款、吊销执照、限制业务活动、追究个人责任等措施。这些惩罚和制裁旨在维护金融系统的稳定性和公信力。

（6）消费者保护。监管机构致力于保护消费者的权益。它们制定和执行消费者保护法律和规定，监督金融机构的销售行为、产品披露和客户服务，处理消费者投诉，并提供相关的教育培训和信息发布。

这些监管和监督措施旨在确保金融系统的稳定性、透明度和公平性，保护投资者和消费者的权益，预防金融风险和不当行为。监管机构在执行监管职责时，与银行等金融机构保持密切合作，进行信息交流，以促进金融系统的健康发展。

三、金融服务的广泛性与创新性

美国银行业提供广泛的金融服务，涵盖个人、家庭和企业的各个方面。银行提供存款、贷款、信用卡、投资、保险、退休计划、支付处理等多种金融产品和服务，以满足不同客户的需求。在此基础之上，美国银行业具有跨州和全国性的特点。许多银行拥有多个分支机构，可以在全国范围内提供服务。这种跨州和全国性的银行业务促进了金融一体化进程和更广泛的市场覆盖率。在满足国内金融服务的基础上，部分银行在国际贸易、跨境投资、跨境支付和全球金融体系中发挥着重要作用，对全球经济稳定和发展产生影响。美国银行业也一直致力于创新和技术应用。

这些特点共同塑造了美国银行业的独特面貌。它们反映了美国金融体系的创新能力、市场竞争性和全球影响力。

第三节　美国银行业的作用

美国银行业在经济中扮演着多重重要角色，对经济的发展和稳定起着关键作用。

一、资金供给、融资支持与支付结算

银行是主要的资金供给者，通过接受存款并提供贷款来满足个人、家庭和企业的资金需求。银行所提供的财富管理和投资服务包括投资组合管理、退休规划、保险产品和遗产规划等服务，可以帮助个人和家庭管理和增值资产。银行对创业和企业发展也起着关键支持作用。它们提供创业贷款、商业贷款和信用额度等融资工具，帮助创业者和企业家实现他们的商业目标。同时，作为主要功能之一，银行提供支付和结算服务，使货币的流通和交换变得更加便捷和安全。个人和企业可以使用银行提供的支付工具（如支票、信用卡、电子转账等）进行交易，促进贸易和商业活动的进行。

二、风险管理、金融监管与政策导向

银行在金融体系中扮演着风险管理的重要角色。它们评估和管理风险，包括信用风险、市场风险和流动性风险等，以确保金融体系的稳定和安全。此外，银行还提供金融衍生品、保险和风险管理咨询等服务，帮助企业和个人规避资产风险。

在银行内部风险控制机制之外，美国银行业受到广泛的政策和法规的约束。这些法规旨在保护消费者利益、维护金融稳定和防范金融风险。一些重要的法规包括《多德-弗兰克法案》（Dodd-Frank Act）等。

相对全面的银行风控体系与监管机制使得美国的货币流通与货币政策也受益良多。美国银行业对货币政策的传导起着关键作用。美联储通过调整利率和货币供应来影响银行的贷款成本和信贷条件，从而对经济活动和通货膨胀产生影响。银行通过传导货币政策，实施贷款政策和利率调整，对经济周期和通货膨胀进行调控。

三、金融市场与资源配置

当谈到美国银行业在经济中的作用时，其金融中介与资本媒介作用无法忽视。银行作为金融中介机构，促进了资本在经济中的流动和配置。银行将储蓄者与借款者连接起来，通过评估借款人的信用风险和项目的潜在回报，决定是否提供贷款，并决定贷款的利率和条件，再通过证券市场、债券市场、外汇市场等金融场所进行借贷和投资活动，高效链接资金的供求，促进资源的合理配置。这有助于优化区域间资源的分配，促进经济发展中不同部门和行业之间的资金流动与协作。

四、金融创新与科技驱动

美国银行业一直以来都是金融创新的领导者。银行和金融机构推出了各种新型金融产品和服务，如电子银行、移动支付、数字货币和在线投资平台等。同时，银行积极采用新技术，如人工智能、区块链、大数据分析等，以提高效率、降低成本和改进客户体验。这些创新推动了金融业务的数字化转型，并为客户提供更快捷和个性化的金融服务。这些创新改变了人们的银行体验和金融交易方式，并对整个行业产生了深远影响。

综上所述，美国银行业在经济中扮演着多个重要角色。它们不仅提供资金供给和融资支持，促进资源的有效配置，支持创业和企业发展，而且提供财富管理和投资服务，支持住房市场，并在金融创新和科技驱动方面发挥领导作用。这些功能使银行业成为经济增长、财富创造和金融稳定的关键组成部分。

第四节　美国银行业发展历史

美国银行业的起源可以追溯到美国独立战争之后的时期。经过漫长的岁月，美国银行业已发展成为一个具有高度影响力的银行和金融服务体系。它以纽约市和华尔街为中心，以私人银行、资产管理和存款安全等各种金融服务为基础。根据 2018 年数据统计，美国最大的银行是摩根大通、美国银行、富国银行、花旗集团和高盛集团。据估计，这五家银行的总资产相当于美国经济总量的 56%。截至 2021 年 9 月 8 日，美国共有 4951 家 FDIC 承保的商业银行和储蓄机构。

在独立战争期间，美国面临了财政和经济上的重大挑战，政府需要建立一个稳定的金融体系来支持国家的发展和重建。宾夕法尼亚银行的成立便是为了资助美国独立战争。宾夕法尼亚银行的成立满足了北美十三个殖民地商业环境的发展以及后续交易对货币的需求，也促进美国银行系统雏形的建立。在美国建国初期，银行主要是私人银行，由个人或地方机构经营。这些银行发行自己的货币，并提供贷款和存款服务。然而，由于缺乏监管和行业标准，这些早期的银行面临诸多问题，尤其是在金融危机和经济衰退时期。

随着国家的发展和经济的扩张，美国政府开始意识到需要在银行业中建立更加完善的监管机制和行业规范。1791年，美国第一家中央银行即"第一银行"成立。该银行由美国政府拥有，负责发行国家货币和管理贷款事务。然而，第一银行的存在也引起了美国国内诸多争议，许多人认为它超越了政府的权力范围。因此，当第一银行的特许经营权到期时，国会决定不再续约，该银行于1811年关闭。

1816年，美国国会通过了《国家第二银行法案》，创立了美国第二银行（Second Bank of the United States）。这家银行的成立旨在稳定美国国内金融体系、促进经济发展和统筹货币供应。然而，第二银行的存在同样引起了激烈的争议，第二银行的职能被认为是对联邦政府权力的滥用。这一争议最终导致了1832~1836年的一系列政治和法律冲突，也最终导致了第二银行的关闭。

这些事件和争议为美国银行业的起源奠定了基础。在第一银行和第二银行的经验中，美国政府和立法机构开始认识到银行经营与权力监管的重要性。这为后来的银行立法和金融监管奠定了基础，也确保了之后美国整个金融体系的健全、稳定的发展。随着时间的推移，美国银行业逐渐发展壮大。1863年，美国通过了国家银行法案，创设了国家银行体系，以加强对银行的监管和控制。该法案还引入了国家货币管理与发行制度，并在全国范围内建立了银行监管机构。

20世纪初，美国经历了一系列金融危机，其中最著名的是1929年的华尔街股市崩盘，以及由股市所引发的经济大萧条。这次危机促使政府采取更多的干预措施，以确保银行业的稳定和存款人的利益。1933年，美国国会通过了《紧急银行法》（Emergency Banking Act），建立了联邦存款保险公司（FDIC），以保护个人储户的存款安全。

自此之后，美国银行业经历了一系列漫长的发展与改革。21世纪初，随着信息技术的到来，银行业面临着诸多挑战和机遇，包括金融创新、全球化和数智化发展。2008 年金融危机对美国银行业的发展产生了深远影响，这一时期美国政府再次加强了对金融体系的监管。

目前，美国银行业是全球最大也是最复杂的银行体系之一，涵盖了各种类型的银行，包括商业银行、投资银行、信托公司和合作银行。监管机构如美联储、FDIC 和美国证券交易委员会（SEC）等负责监管银行业的运作，以确保金融稳定和保护消费者权益。纵观美国金融体系 200 多年的发展历史，美国银行业经历了从私人银行到中央银行和国家银行体系的演变，这一演变过程也代表了经济社会对金融与资本的需求变化。

一、美国银行系统的建立

（一）第一银行和第二银行的建立

美国第一银行成立于 1791 年，是美国历史上第一家中央银行，旨在为美国政府提供财政支持和货币发行职能。它的特许经营于 1811 年到期后没有继续授权，但在 1816 年美国国会通过法案又成立了第二银行，直到 1836 年关闭。这些早期的尝试奠定了美国银行业的基础，并为未来的银行体系发展提供了经验。

（二）国家银行体系的建立

在美国内战期间，为了强化金融体系并加强国家对货币的控制力，美国国会于 1863 年通过了《国家银行法案》（National Banking Act）。该法案的颁布也象征着美国国家银行体系的建立，这一法案允许银行在全国范围内经营，并发行国家货币。美国国家银行体系的建立直接推动了银行业的发展和金融一体化的进程。

（三）联邦存款保险公司的成立

1929 年的华尔街股市崩盘引发了经济大萧条，对整个美国银行业造成了巨大冲击。为了稳定金融体系，美国联邦政府采取了一系列银行改革措施，其中最重要的是成立了联邦存款保险公司（FDIC），以保护存款人的利益，并加强对银行的监管。

二、美国金融体系的改革

（一）金融体系合并

长期以来，美国存在着对银行和证券业务之间的分离规定。然而，随着金融市场的发展和全球金融竞争的加剧，1999 年美国国会通过了《金融服务现代化法案》（Gramm-Leach-Bliley Act），解禁了商业银行、投资银行和保险公司之间的业务合并，促进了金融业务的整合和创新。

（二）金融危机和监管改革

2008 年的全球金融危机对美国银行业造成了严重冲击。此次金融危机迫使政府采取紧急措施来救助金融机构，并通过《多德-弗兰克法案》（Dodd-Frank Act）进行了全面的金融监管改革，以增强金融体系的稳定性和保护消费者权益。

（三）后金融危机时代的数智化发展与金融科技创新

近年来，随着技术的迅速发展，在美国银行业引发了数字智能化和金融科技创新的浪潮。电子银行、移动支付、人工智能、区块链和数字货币等新技术正在改变银行开展业务的方式和经营理念，以达到为客户提供更便捷的金融服务和创新产品的目的。这些技术革新标志着美国银行业的发展进入了一个新的时期。从早期的银行建立到全国银行体系的形成，再到金融危机和技术革新的挑战与机遇，美国银行业一直在不断适应和应对变化，并在全球金融领域中发挥着重要作用。

第五节　金融危机如何影响美国银行金融系统

自 2007 年 2 月 13 日美国新世纪金融公司发出 2006 年第四季度盈利预警开始，美国次级抵押贷款风险成为银行等金融机构的主要显性风险因素，次贷危机开始逐渐显现。自 2007 年 12 月开始，为期 18 个月，历史上最为严重的金融危机正式席卷全球。2008 年 9 月 15 日，有着 158 年历史的雷曼兄弟公司宣布申请破产保护。如同多米诺骨牌效应，当第一块骨牌倒下时，后续的连锁反应接连发生。同一天，美国银行以约 440 亿美元的价格收购了华尔街投行美林公司。美国国际集团的信用评级下调，而后美国政府通过艰巨的谈判，通过了 7000 亿美元的政府援救计划。时任美联储主席格林斯潘称，此刻的美国正遭遇"百年一遇"的金融危机。

一、美国银行金融系统对金融危机的诱因

2007 年 12 月，美国历史上最为严重的金融危机爆发，紧接着危机席卷全球。这场危机是美国金融体系长期以来所积累问题的彻底爆发，引发此次危机的因素众多，包括低质量贷款、高杠杆交易、次贷危机、房价泡沫等。在这场危机中，大量银行金融机构破产，全球股市下跌，失业率上升，经济急剧衰退。

（一）宽松的信贷条件和日益膨胀的房产泡沫

2008 年金融危机的主要原因之一是地产行业引发的次贷危机。房屋抵押贷款申请标准在危机之前的相当长时间内如同儿戏。按照正规的贷款流程，

银行等金融机构应严格审核贷款申请人的财务资质与还款能力。然而危机前的近十年时间里，美国民众获取房屋贷款的标准一降再降。同时低息也进一步刺激了美国民众借贷消费的意愿。2001 年 1 月至 2003 年 6 月，格林斯潘支持下的减税政策，在短期内的确刺激了美国国内经济的增长并使就业市场处于一个空前繁荣的状态。两年半的时间内，美联储连续 13 次下调利率，联邦基金利率由 6.5% 降至 1% 的历史最低水平，并且在 1% 的水平上停留了一年之久。[①] 过低的利率引发了宽松信贷，也直接刺激了民众的贷款投资热潮。同时，行业间的竞争压力促使银行从业人员为了业绩人为降低贷款门槛。越来越多的低收入群体通过银行贷款加入到购房者的行列中。与此同时，不断攀升的房价也放松了投资者对地产行业的风险预期。他们天真地以为即使无力偿还贷款，卖房款也能帮助他们清偿银行贷款。正是市场对美国地产行业前景的过高预期以及错误的金融操作规范，极大地刺激了美国地产市场，房价在 1996~2006 年上涨近 1 倍。房地产在这一时期被赋予了金融属性，并随着杠杆的加高不断累积着风险。

（二）华尔街对金融衍生工具的滥用

美国的金融衍生品历来都极具创新性，这也符合其行业发展的规律与日益加剧的行业竞争。金融衍生品的复杂程度极大地增加了投资者风险识别的难度。而华尔街对金融衍生品更是运用到了极致。

通过正常审批之后的抵押按揭贷款一般被视为优良资产，金融机构可长期持有并稳定盈利。对贷款申请人财务状况的审查与还款能力的评估是确保金融资产安全性的重要环节。但胃口巨大的华尔街不仅将贷款标准一降再降，同时为了扩大收益，进一步将抵押贷款快速证券化并衍生成二级市场的交易

---

① 2001 年 6 月，时任美国总统乔治·W. 布什正式签署总金额为 1.35 万亿美元，为期 10 年的减税法案。这也使美国财政预算再次陷入赤字，此举也并未达到加快美国经济复苏的目的。为应对缓慢的经济复苏和不断下降的通胀，美联储连续下调联邦基准利率，以刺激流动资金进入市场。

性金融工具。就这样担保债务权证（CDO）开始出现。CDO 的出现使得资产证券化产品风险划分更细致，投资回报率也更高，同时也极大地激起了华尔街的热情。打着金融创新的口号，华尔街大举涉足次贷领域，并迅速推高其规模。2004 年，全球 CDO 发行量为 1570 亿美元，到了 2006 年，这一规模达到 5520 亿美元。① 几年时间内，次贷领域的杠杆再次被二级市场拉高。

为了追求利益的最大化，华尔街投行将原始的金融产品分割、打包、组合开发出多种金融产品，根据风险等级的不同，出售给不同风险偏好的金融机构或个人，在这个过程中，最初的金融产品被放大为高出自身价值几倍或十几倍的金融衍生品，极大地拉长了交易链条。从本质上来看，这类金融衍生品并没有降低投资的风险，它仅仅是将风险进行转移，而且随着金融衍生品的不断开发，风险在无限分散的同时，也变得越来越隐蔽，越来越难以察觉。以至于后来，买家看到的这类金融产品，除了投行提供的数字以外，根本无法判断资产的质量。②

因为 CDO 等金融衍生品蕴含的巨大利润，美国几乎所有金融机构都参与其中，商业银行、保险机构等趋之若鹜。在巨大利益的引诱下，都大量持有 CDO 等债券。与此同时，海外越来越多的投资者也开始对这种金融产品近乎

---

① CDO 在底层次级贷款人与华尔街巨头之间架起了桥梁，一些商业组织收购贷款商手中的次级按揭贷款，并将其批量证券化，作为可以获得稳定现金流的产品兜售给更广大的投资者。这样贷款的风险就分散到了更多的投资者手中。自从一名精算师发明了一种可以快速对 CDO 进行定价的方法后，CDO 的流通性大增，在回报丰厚的情况下，华尔街投行们借着金融创新的口号进入这一领域，并迅速推高其规模。据 BBA（British Bankers' Association）历年数据统计，2004~2006 年为 CDO 规模大爆发的三年。

② 金融衍生品的特点决定了次级贷款的发展与属性。2008 年之前的美国金融市场，金融衍生品普及率高且种类繁多。金融市场允许不同质量与种类的抵押品打包作为金融债券发行出售，例如次级房贷。而次级房贷的属性就决定了其具有极高的金融风险。在这一市场趋势之下，金融资产均有债券化的趋势，而投资人盲目信任评级机构的评级，始终相信债券在金融市场中的流通属性与市场前景，因此在不了解风险与金融衍生品的情况下大量注入资金。但由于债券本身流动性强使次贷债券又流回到金融机构手中，这个时候金融机构无法再继续偿债，相当于以前打包成优质资产的劣质资产又流到自己手中继而形成了最终的债务危机。

疯狂地追求。美国房地产的泡沫，也通过这类金融衍生品将风险扩散到了全球范围，这也正是次贷危机为什么能波及全球的原因。

（三）华尔街激进的财务政策和侥幸心理

流动性过剩致使资本不断涌入美国地产市场，为了谋求更多的经济利益，也为了不让这些日益膨胀的资本影响次贷市场发展，华尔街以疯狂放贷作为解决方案，花样繁多的月利率甚至零首付的出现，极大刺激了次级按揭贷款市场。在这样的背景下按揭贷款的流程变得日益简单，有的按揭依据完全凭借借款者自己填报的虚假收入作为依托，甚至有的按揭贷款额竟然大于实际总房价。至此，借贷标准变得名存实亡。2006 年的美国房屋按揭贷款甚至平均只有 6% 的首付款比率。当房市萧条，次级贷款者无资金偿还债务时，危机便以极快的速度蔓延开来。

（四）监管机构的失职与政策的失误

次贷危机产生的深层制度原因在于政府对金融监管存在缺陷，美国金融监管机构对次贷及各类衍生产品的发行规模和数量没有加以控制，监管力度的松懈以及对市场潜在金融风险的忽视，都是监管不力的表现。美国央行连续降低的抵押贷款标准，导致相当一部分信用或财务状况不佳的贷款人以低廉的成本获得贷款购买房屋。美国监管机构对市场评级机构监管不严，也导致了评级机构在对次贷相关产品评级时的主观性。当大范围调低次贷相关产品的评级时，极大打击了投资者的信心，也进一步加深了投资者的恐慌情绪。

（五）信用评级机构的失职

当次贷危机爆发后，穆迪、标准普尔、惠誉等主要评级机构成为美国民众最直接的批评对象。这些评级机构的收入主要来源于证券发行商，却要求它们对市场投资者负责，这种评级制度上的漏洞在金融危机之后引起广泛关注。在危机发生之前，各评级机构被认定过高地提升了次贷产品的评级，而这些过高的评级也极大地促进了次贷市场的发展。

金融衍生品的发展有利于资金使用效率的提高，但其定价和交易则有赖于准确的市场评价。当市场评级机构这一环节出现问题时，信任危机也随之产生。全球投资者正是出于对美国三大信用评级机构的信任，才能放心大量购买次贷产品。可正是这些评级机构评定的同美国国债相同级别的 AAA 级证券，却在一夜之间成为废纸。这些评级机构不切实际的评级以及次贷危机爆发后下调评级的迟缓，也在一定程度上加大了次贷危机的强度，对这次危机起到了推波助澜的作用。

（六）美国政府的危机管理意识

2007 年 4 月 2 日，美国第二大次级贷款抵押机构新世纪金融公司向法院申请破产保护，这是美国房市降温以来最大的一起次级贷款抵押机构倒闭案。然而，新世纪金融公司的倒闭却并没有引起美国政府的重视。美联储仍简单地认定这仅仅是个别机构运营不当的问题，并非市场的原因。直到 2007 年 7 月贝尔斯登所属对冲基金爆发负面消息，半年之后全球股市暴跌之时，美联储才作出反应，向金融体系注入资金稳定市场信心。然而直到此时美联储始终认为形势可控。

直到美国联邦国民抵押贷款协会（Fannie Mae）与美国联邦住房抵押贷款公司（Freddie Mac）、雷曼兄弟破产以及美林被收购等事件的发生，美国政府才充分认识到次贷危机的严重性，并陆续出台救援方案和措施以求应对接下来的市场冲击。自此，美国政府紧急宣布接管"两房"，时任美国财政部长保尔奈地表示，Fannie Mae 与 Freddie Mac 规模太大，与美国金融体系交织过于紧密，任何一家破产都会导致国内甚至全球的金融市场动荡。至此，美国政府大规模救市举动开始。

但是，接管"两房"的拯救行动却引发了一场争论。反对者普遍认为，美国一直以来奉行自由市场原则，政府的直接干预破坏了美国金融自由化的监管秩序。另外，政府的救市举动也被反对者理解为，用全体纳税人的钱拯救因为贪婪而陷入破产危机的金融投机者。在这种争论和指责的压力之下，美国政府不得不放弃雷曼。当美国政府意识到危机的严重性时，拥有158年历史的雷曼兄弟已经破产，美林银行也被收购，美国金融系统已陷入剧烈的震荡之中。同年，美国政府于9月22日向国会提交了一项总额达7000亿美元的金融救援计划，用以购买金融机构不良资产，阻止金融危机的继续加深。

这些因素相互作用，导致了金融危机对美国银行和金融系统的严重影响。这次危机揭示了美国金融体系中存在的结构性问题，促使了美国金融监管改革和风险管理的改革。

二、美国银行金融系统在金融危机中造成的影响

从直接影响来看，首先受到冲击的是众多投资地产的美国民众。由于无力偿还贷款，他们的住房和投资的房产不得不被银行收回。同时，随着危机的加深越来越多的次级抵押贷款机构由于收不回贷款遭受严重损失，甚至被迫申请破产保护。从全球角度来看，由于美国和欧洲的许多投资基金买入了大量由次级抵押贷款衍生出来的证券投资产品，它们也在此次金融危机中受到重创。无论是民众还是金融机构，都是这次金融危机的直接受害者，无数民众一夜之间流离失所，金融机构资产严重缩水。

自次贷风波爆发以来，无论从全球资本市场的波动还是美国实体经济的变化来看，都受到了巨大的冲击。这场危机无疑给美国金融业带来了颠覆性变革。在金融创新、房贷市场发展和金融监管等方面美国政府以及美联储等监管机构都进行了严肃的反思。这些影响使美国金融系统乃至全球经济都经

历了漫长的恢复期。

三、美国银行金融系统在金融危机中面临的信任危机

在 2008 年的金融危机过后,美国银行和金融系统在恢复期间面临的主要问题是客户信心与信任的重建。这是一个极其漫长与困难的过程,此次金融危机使得银行客户对整个美国金融体系,包括银行以及监管机构的公信力产生了质疑。当然,社会对整个金融体系公信力的质疑主要源于危机前的种种不当行为。

(一)欺诈和不当行为

部分大型金融机构在危机前夕参与了欺诈和不当行为。例如,一些银行和金融机构销售高风险的抵押贷款产品,而且在这些产品的评级和风险披露方面存在问题。这种不当行为直接违背了金融系统的行业规则,也直接损害了投资者的信任。

(二)抵押贷款危机

危机的核心是由次贷危机引发的抵押贷款危机。许多金融机构在没有充分评估借款人信用等级和财务状况的情况下,发放了高风险的抵押贷款。当房地产市场崩溃和借款人无法偿还贷款时,这些金融机构在遭受巨大损失的同时,也引发整个行业的信任危机。

(三)巨额亏损和倒闭

由于次贷危机和房地产市场崩溃,一些大型金融机构面临巨额亏损和濒临破产的风险。这些机构的倒闭和美联储对房地产行业的强行介入也引发了公众对整个金融系统的信任危机。人们开始质疑金融机构的稳定性和透明度。

(四)缺乏监管和监督

金融危机揭示了管理和监督机构的缺陷。监管机构未能及时发现和应对

金融机构的风险和不当行为，这加剧了公众对监管机构能力和有效性的质疑。

综合这些因素导致了公众对美国银行和金融系统的信任危机。美国民众开始怀疑金融机构的经营模式和职业道德，对金融市场的稳定性和透明度感到担忧。信任危机也对整个经济产生了负面影响，加剧了金融危机的严重性，并对金融体系的恢复和重建产生了挑战。为了恢复信任，政府和监管机构采取了一系列措施，包括加强监管，实施金融改革，提高透明度和风险披露要求，以及对金融机构进行救助和重组。这些举措旨在恢复公众对金融系统的信任，并确保类似的危机不再发生。

四、美国政府针对影响采取的应对措施

（一）资本注入和救助计划

政府通过资本注入和救助计划来支持陷入困境的金融机构。这些计划包括《紧急经济稳定法案》（Emergency Economic Stabilization Act）和《多德-弗兰克法案》（Dodd-Frank Act）等。政府通过购买银行的优先股和资产，提供资金支持和担保贷款，以帮助银行渡过危机，并增加市场对银行的信心。

（二）资产购买计划

美国联邦政府实施了一系列资产购买计划，例如，2008年10月实施的《不良资产救助计划》（Troubled Asset Relief Program，TARP），以购买金融机构持有的不良资产和次级贷款。这些计划旨在减轻金融机构的负债压力，提高银行等金融机构的现金流动性和资本充足性，并帮助信贷市场的恢复。

（三）监管改革

金融危机揭示了监管体系的缺陷和监管力度的不足。美国政府通过一系列监管改革措施，例如，通过《多德-弗兰克法案》（Dodd-Frank Act）来加强金融监管和监管机构的权力。这些改革旨在提高金融机构的风险管理能力，

增加经营透明度，明确问责制，并加强对金融系统中重要金融机构的监管。

（四）风险管理和压力测试

美国政府要求金融机构进行严格的风险管理和压力测试，以评估银行等金融机构在不同经济环境下的稳定性和抗压能力。这些测试有助于暴露金融机构的潜在风险和薄弱环节，并促使它们采取必要的措施来加强资本充足性和风险管理能力。

（五）消费者保护措施

美国联邦政府加强了对金融产品和服务的监管，以保护消费者免受不当销售和欺诈行为的伤害。危机之后，美国政府设立了消费者金融保护局（CFPB），负责监督和执行消费者金融保护法规，并不定期提供金融知识培训和投诉处理服务。

这些应对措施旨在稳定金融系统、恢复市场信心，并加强对金融机构的监管和风险管理。然而，这些措施仍然在不断演变和完善，以适应不断变化的金融环境和挑战。

第六节　美国银行金融系统受全球公共卫生事件冲击所遭受的损失

随着此次全球公共卫生事件的暴发，全球范围内的金融市场遭受到了巨大的冲击。此次事件引发的大规模的经济停摆，导致了全球供应链的瘫痪和生产活动的暂停，也为资本流动、金融市场发展设置了一道系统性屏障。此次全球公共卫生事件对美国经济的冲击不亚于一次金融危机。美国政府接受媒体采访时曾表态,这是美国近期遭受的最沉重的打击。这不仅对个人和家庭造成了财务压力,也对银行和其他金融机构的财务状况构成了威胁。

此外,由于此次事件对全球经济的影响,投资者对投资风险的偏好降低,导致股票、债券和其他金融资产的价格在过去的2019~2022年中不断下跌。交易性金融资产的不断贬值,二级市场的萎缩给金融机构的资产负债表带来了压力,此次事件的冲击也大大增加了经济的不确定性,许多企业推迟了投资计划,导致银行无法放贷。同时,由于贷款违约率上升,银行需要增加贷款损失准备金,这也会对银行等金融机构的财务状况造成影响。

此次全球公共卫生事件对美国金融系统造成了广泛的负面影响。这些损失不仅影响了金融机构的财务状况,也加速了美国国内经济下行压力。针对具体市场表现进行以下三个方面的详细分析。

一、股市下跌与对冲基金亏损

由于此次全球公共卫生事件对各行各业造成的负面影响,投资者对风险的偏好降低,导致股票市场大幅下跌,遭受了严重的打击。此次事件导致市场不确定性增加,投资者信心受挫,金融市场波动性增加,并且此次波动性可能在未来很长一段时间内继续存在,使金融市场更加敏感和脆弱。在2020年3月,美国股市经历了历史上最糟糕的一个月,标准普尔500指数下跌了33%,道琼斯工业平均指数下跌了36%,纳斯达克综合指数下跌了30%,美国股市连续出现4次熔断。① 股市的大幅下跌给投资者和金融机构特别是那些持有大量股票的投资者和投资机构带来了巨大的损失。

---

① 2020年3月9日、12日、16日与18日,美国股市在连续8个交易日内4次紧急熔断。在此之前,美国股市仅发生过一次熔断。美股此次连续紧急熔断触发原因是此次全球公共卫生事件对美国国内经济的影响以及全球原油价格暴跌。同时,这也是美国股市结构性特征的反映,在过去的10年间,众多上市公司持续大规模回购股票使美股结构过于集中,一旦发生宏观经济层面的波动,上市公司很难分担风险。

对冲基金是一种以高风险高回报为特点的投资基金，通常采用复杂的投资策略来获取收益。然而，在疫情暴发后，许多对冲基金遭受了巨大的损失。一些以中性市场为投资策略基础的对冲基金在疫情期间无法适应市场变化，被迫平仓或降低杠杆。此外，一些采用宏观策略的对冲基金也遭受了损失，因为全球宏观经济形势的变化超出了它们的预测范围。据美联储2020年报告统计，第一季度美国对冲基金亏损达到了创纪录的370亿美元。

二、贷款与信用卡违约率上升

此次全球公共卫生事件对高度依赖现金流的行业造成了巨大冲击。此次事件导致的人口流动性停滞对旅游业、餐饮业和娱乐业等行业的打击尤为严重。这些行业通常需要大量现金流来维持运营，但此次事件限制了它们的业务活动。2020~2021年，许多企业不得不暂停或关闭业务，导致失业率飙升。这使得这些行业的贷款违约率大幅上升，给金融系统带来了巨大的损失。此外，由于经济不确定性增加，许多企业和个人面临财务困境，这增加了贷款业务的风险，与此同时信用卡违约率也大幅上升。许多企业推迟了投资计划，导致银行无法放贷。同时，由于贷款违约率上升，银行需要增加贷款损失准备金，这也会对银行的财务状况造成影响。

三、加密货币市场以及其他金融市场的崩溃

加密货币市场是另一个在此次全球公共卫生事件期间遭受巨大损失的领域。随着全球金融市场的波动和投资者风险偏好的降低，加密货币价格大幅下跌。比特币等主流加密货币的价格更是创下了历史新低。据统计，2020年3月是加密货币市场历史上表现最差的一个月，加密货币市场的总市值蒸发了超过1万亿美元。

除了股市、加密货币和服务行业受到冲击外，此次全球公共卫生事件还导致了其他金融资产价格下跌。例如，此次事件对全球债券市场造成了重大负面影响，导致债券价格下跌和收益率远低于预期。此次事件还导致了房地产市场的降温，房屋销售量和房价均出现下跌。此外，保险行业受损严重，保险需求下降和保费收入大幅减少。这些因素都给金融系统带来了难以弥补的损失。

此次全球公共卫生事件也间接改变了投资者的风险偏好，一些投资者可能会转向更加稳健的投资策略，如增加对价值投资、贵重金属以及现金储备的关注。这种策略调整可能会影响金融市场的长期走势。例如新型的数字化金融服务与区块链金融等创新性金融服务，也随着投资者风险偏好的变化受到了影响。

综上所述，此次全球公共卫生事件对美国金融系统的影响是复杂而深远的。从股市到加密货币市场再到商业地产市场以及其他金融资产价格都受到了不同程度的冲击。金融市场波动性增加、贷款业务的风险性增加、投资策略的调整、金融创新的受阻以及监管政策的调整等因素都可能对金融系统的未来发展产生影响。这些损失不仅影响了金融机构的财务状况和盈利能力，也对整个经济产生了负面影响。

全球公共卫生事件对金融系统的重创引起了监管机构对金融市场的关注和干预。为应对接下来的市场恢复，监管政策可能会更加严格，以保护金融消费者的权益，稳定市场秩序。然而，此次事件对金融系统的影响是一个动态的过程，其最终的影响还需要进一步评估和监测。政府的干预也可能打破现有金融机构的经营模式和市场竞争格局。或许随着全球经济的逐步复苏和市场环境的改善，美国金融系统的局面将会有所改善，但是短期内美国的整体经济走势与金融格局都难以恢复到2020年前的状态。

第七节　美国银行金融系统受全球公共卫生事件冲击后的现状

全球公共卫生事件对全球经济发展造成了巨大的冲击，美国作为全球最大的经济体之一，其经济受到的影响尤为显著。在疫情后，美国经济呈现出了一系列复杂的特点和趋势。

一、全球公共卫生事件对美国金融体系的影响

此次事件导致美国经济在 2020 年第二季度出现了历史上最大的季度性收缩。2020 年，美国的失业率飙升到接近历史最高点。尤其是服务业、旅游和餐饮等行业受到的冲击尤为严重。然而，随着经济的逐渐恢复，失业率开始逐月下降，但至今仍高于 2020 年前的水平。金融机构也面临了资本流动性挑战。由于经济活动的减缓和贷款违约率的上升，一些银行可能面临资本充足性的压力。2020~2021 年，为了缓解资本流动性压力，美联储采取了一系列措施，包括降低利率、提供流动性支持、直接发放现金与暂停资本回购和股息支付限制。这些措施有助于在短期内维持金融机构的稳定性和流动性，美国经济随后也逐渐显现回暖的趋势。然而美国政府所实施的激进的财政刺激措施也直接导致国家债务大幅增加。

此次全球公共卫生事件对房地产市场也产生了一定的影响。一方面，低利率环境刺激了房地产市场的活动，包括住宅销售和抵押贷款的增加；另一方面，经济不确定性和失业率的上升可能导致一些借款人面临偿债困难，增

加了房地产贷款的风险。针对这一问题，美国政府和金融机构也采取了一系列措施来支持房地产市场的稳定，包括提供贷款援助和暂停执行房屋赎回等措施。

尽管实体经济受到了重创，但美国的股市在此次事件期间表现出了一定的韧性。经历了初期的急剧下跌后，股市也出现了阶段性反弹，其中能源板块与医药板块表现尤为突出。这一现象反映了投资者对美国经济长期前景的乐观态度，但也引发了关于资产泡沫的担忧。

二、新的机遇

许多从事传统行业的企业尤其是制造业企业在此次全球公共卫生事件的影响下面临严重的经营困境，部分企业甚至宣布破产。与此同时，新的商业模式和行业也开始崭露头角，尤其是在健康、远程办公和数字化领域。2020～2021 年，社交距离和封锁措施推动了数字支付和电子商务的增长。许多消费者转向在线购物和无接触支付方式，这导致了数字支付和电子商务业务的激增。银行和支付提供商加快了数字支付解决方案的推出，以满足消费者需求，并加强了网络安全措施以应对不断增加的网络威胁。

随着金融活动的数字化程度增加，数字身份和安全问题变得更加重要。金融机构加强了客户身份验证和网络安全措施，以保护客户的个人信息和资金安全。同时，政府和监管机构也加强了对金融机构的网络安全监管和要求。

此次事件期间，可持续金融和环境、社会、治理（ESG）因素的重要性得到了进一步的认识。越来越多的投资者和金融机构将 ESG 因素纳入其投资和业务决策中。金融机构开始提供更多的可持续金融产品和服务，并加强对环境和社会的关注度。

第八节　美国银行金融系统受全球公共卫生事件冲击后采取的应对措施

全球公共卫生事件过后，美国的经济增长放缓，通货膨胀飙升，财政赤字和债务水平创历史新高，金融市场动荡不安，美元地位受到冲击，为了促进经济的恢复和稳定，美国联邦政府采取一系列的措施。

一、美国联邦政府政策性措施

（一）财政刺激措施

美国政府通过多轮财政刺激措施来提供经济支持。其中包括向个人和家庭发放直接支付的经济刺激支票，提供失业救济金，为小企业提供贷款和补助金，以及向州和地方政府提供资金援助，等等。

（二）货币政策和利率调整

美联储采取了一系列货币政策措施来支持经济复苏，包括将利率降至接近零的水平，并实施量化宽松政策，购买国债和抵押贷款支持市场流动性，并提供低成本贷款给金融机构。

（三）基础设施投资计划

为了刺激经济增长和创造就业机会，美国政府计划进行大规模的基础设施投资。这些投资计划旨在改善道路、桥梁、交通网络、电力系统、通信网络等基础设施，并支持可再生能源和清洁技术发展。

（四）加强医疗保健系统建设

此次事件暴露了美国医疗保健系统的众多薄弱环节，因此美国政府致力于加强医疗保健系统的应变能力。这包括增加对医疗设备和物资的生产和供应，提供医疗保险和医疗援助，等等。

（五）教育和培训支持

为了帮助受此次事件影响的学生和工人，美国政府提供了一系列教育和培训支持。这包括提供学生贷款的还款暂缓和利率减免，为学校和大学提供资金援助，以及提供职业培训和再就业机会。

这些措施旨在提供经济支持、刺激需求、促进就业和投资，并加强关键领域的能力。然而，具体的政府措施可能会因时间推移、政治因素和经济状况的变化而有所调整。除上述提到的主要措施之外，美国政府还采取了其他一系列保障性措施来应对之后的经济恢复。

二、美国联邦政府保障性措施

（一）就业保护计划

美国政府推出了一系列的就业保护计划，旨在帮助企业保证员工就业。这些计划包括提供贷款和补贴企业，以支付员工工资和福利，从而减少裁员和失业率。

（二）住房市场支持

为了应对房地产市场的挑战，美国政府采取了一些措施来支持房地产市场的稳定。这包括提供住房贷款延期和抵押贷款援助，以帮助个人和家庭应对住房支付困难。

（三）医疗保险扩展

美国政府扩大了医疗保险的覆盖范围，以确保更多人能够获得医疗保健服务。这包括通过扩大医疗补助计划和特定的医疗保险计划，提供更多的医疗保险选择和补贴。

（四）产业支持计划

政府为部分受此次事件冲击较大的产业提供了支持。例如，航空业受到了重大冲击，政府提供了资金援助和贷款支持来帮助航空公司渡过难关。

（五）科研和创新投资

政府加大了对科研的投资，以推动经济增长和技术进步。这包括资助疫苗和药物研发，支持科技公司和创业企业，以及鼓励科研机构和大学进行创新研究。

这些额外的措施旨在提供更广泛的经济支持和保护，以应对经济下行带来的挑战。然而，此次全球公共卫生事件的影响并不能在短时间内得以缓解，美国经济恢复的脚步将是漫长而艰难的。

第四章 企业社会责任的研究总结

得益于前人的研究，本书针对企业社会责任的文献综述可分为两个部分，包括企业社会责任的历史背景和认知以及企业社会责任的定义。第一部分总结了企业社会责任各个重要的演变阶段的概述；第二部分则总结了企业社会责任的几个标志性定义，同时本书根据 Carroll 的四分理论（也称"金字塔"理论）和 Freeman 的利益相关者理论重新定义了企业社会责任。

第一节 企业社会责任的演变

为了应对商业快节奏的发展和世界面临的环境挑战，企业社会责任的概念于 20 世纪 50 年代初见雏形（Barič，2017）。随着对这一领域的关注越来越多，企业社会责任的理论发展以及企业是否应该对股东以外的利益相关者承担更多责任的争论在 20 世纪 60 年代迅速成为学术界和企业界的热点问题（Wang et al.，2016；Barič，2017）。自此之后，企业社会责任的发展变得更加快速。

企业社会责任概念的演变经历了数个阶段（Madrakhimova，2013）。作为该领域的知名学者和先驱，Carroll（2008）引用 Murphy（1978）对企业社会责任和道德的分析，将企业社会责任的演变归纳为四个阶段：慈善时代（1950 年之前）、意识时代（1953～1967 年）、问题时代（1968～1973 年）和响应时代（1974 年至今）。下面就这四个阶段进行详细阐述。

一、慈善时代

企业社会责任最早可以追溯到 18 世纪末（Chaffee，2017）。现代公司法最早出现于 18 世纪末和 19 世纪初，根据公司法的规定，公司可分为营利性公司和非营利性公司（Chaffee）。随着公司性质的划分，营利性企业的新挑战随之而来，并最终成为企业社会责任形成的突破口。企业社会责任要求企业重新定位与社会的关系，这种关系的诞生为企业界提供了新的经营理念。

在企业社会责任的萌芽阶段，来自“精英阶层”的声音成为企业处理与社会关系的主要方式，很少有企业尝试做出突破性的举动（Carroll，2008），例如，倾听员工与社会的声音。在那段时期，企业捐款一直被视为无偿支出，甚至在法律上受到限制，因为在 1900 年前，追求经济目标一直是企业的核心发展战略（Carroll）。20 世纪初期，家乐氏、吉百利等少数大公司提出了企业社会责任的概念，这些企业在实践中将企业社会责任延伸和细化到更多领域，涵盖了环境、产品和员工（Tripathi & Bains，2013）。自 1920 年以来，现代企业社会责任的定义才开始出现（Hoffman，2007）。随着企业社会责任的发展，30 年代以后，企业社会责任才被社会和商业界充分认可（Eberstadt，1973；Carroll，2008）。

然而，20 世纪 50 年代之前，"关于企业社会责任的讨论十分有限"（Carroll & Shabana，2010）。在企业社会责任的早期阶段，慈善捐赠作为企业社会责任最早、最重要的表现形式之一，发挥了重要的作用（Carroll，2008）。公司对社会做出的主要贡献是向慈善机构捐款，这些捐款多以自愿的形势捐赠给政府或社会福利机构（Hamidu，Haron & Amran，2015）。用 Carroll（2008）的话来说，在 50 年代之前很难弄清楚企业社会责任到底是什么。然而，这一企业社会责任的萌芽时期对企业社会责任的发展和推广作用至关重要。

二、意识时代

1953～1967 年被 Carroll 认定为企业社会责任演变的第二阶段（Carroll，2008）。根据 Frederick（2006）和 Carroll（2008）的研究显示，20 世纪 50 年代的企业社会责任概念主要围绕三个核心思想："企业管理者作为公共受托人、企业应平衡对资源的竞争以及慈善事业作为企业支持公益事业和实践企业社会责任的主要表现方式。" 1953 年，Bowen 在其著作中首次提出了企业社会责任的概念，并将企业社会责任定义为企业对社会的义务。

这一阶段企业社会责任的主要表现形式仍然以慈善事业为主，然而进步也是显而易见的。企业不再将短期的利益最大化作为首要战略目标，转而追求长期的发展（Cochran，2007）。为了加深对企业社会责任的理解，Davis（1960）和 McGuire（1963）都指出，企业社会责任决策的原因应该独立于任何经济目的。Carroll（2008）认为，这一时期人们对"企业的整体责任"有了更多的认识和认可，并鼓励企业积极参与到社会的工作中去。

随着企业社会责任意识的提高，相关立法也随之颁布，以保障员工和消费者的利益（Tripathi & Bains，2013）。在这一阶段，政府根据立法重申了社会对环境、顾客和妇女权利的关注（Carroll & Shabana，2010）。一方面，新立法作为转折点，结束了法制缺失的局面，体现了政府态度的转变；另一方面，学术界也产生了企业社会责任对企业经济目标影响的质疑（Carroll & Shabana）。Levitt（1958）认为，社会责任应该是政府而不是企业的关注点，企业应把重心放在创造财富上。

在这个时代，尽管企业社会责任的雏形形成（Bowen，1953），并且企业社会责任的概念得到了进一步发展（例如，Davis，1960；MaGuire，1963；等等），但从 Carroll（1999，2008）的观点来看，20 世纪 60 年代，学术界的质疑使得企业社会责任并没有在商业领域得到足够的重视（McGuire，1963；Carroll，2008）。这一时期的企业社会责任发展反映了社会对企业的期望，也为管理者提供了反思企业所暴露问题的机会。

三、问题时代

在接下来的 1968~1973 年，社会发展过程中所暴露出来的具体问题开始受到企业的重视，其中包括"城市衰退、种族歧视和污染问题"（Murphy，1978；Carroll，2008）。在此期间，Milton Friedman 提出了反对企业应该承担企业社会责任的论点（Tripathi & Bains，2013）。作为世界著名的经济学家，Friedman 主张企业唯一应该承担的社会责任就是创造财富（Friedman，1970）。

与 Friedman 相反，Harold Johnson（1971）认为，负责任的企业不应只关注投资者利益。Carroll（2008）认为，利益相关者理论才是解决企业社会责任的核心方案。与此同时，1971 年，由理论家和企业家组成的经济发展委员会（CED）提出了更为实用的企业社会责任概念。响应 Johnson 的理念，CED 将企业社会责任划分为三个圈：内圈（经济功能）、中圈（经济功能与社会价值的平衡）和外圈（改善社会环境的责任）（Carroll）。在这短短的一段时间里，企业社会责任的发展引起了很多质疑。幸运的是，Harold Johnson 的多利益群体理念为学术界提供了进一步定义企业社会责任的新方法。

四、响应时代

自 1974 年开始，企业从管理角度采取了一定的行动来解决日常运营中暴露出的问题。20 世纪 70 年代，企业高层对企业社会责任给予了足够的重视。高管对企业社会责任看法的转变也对企业社会责任的定义产生了深远的影响（Holmes，1976；Carroll，2008）。企业管理人员对企业社会责任的认知开始加深，并提出了最关心的问题，如少数族裔招聘和培训、环境保护等（Eilbert & Parket，1973）。随着越来越多的文献指出管理的重要性，一种从管理角度出发的新定义在 70 年代被推到了研究前沿（Carroll，1977）。同时，Carroll（1979）认为，对企业社会责任的理解、对企业面临的问题的认识以及解决问题的明确策略已成为管理者实践企业社会责任的前提。

一方面，80 年代，融入式观念开始出现，即企业社会责任不应被视为结果，而应被视为一个过程（Jones，1980）。此外，利益相关者理论成为众多研究的热门话题（例如，Jones，1980；Freeman，1984；等等）。在 Freeman（1984）的《战略管理：利益相关者方法》一书中，他将企业的利益相关者定义为影响企业或受企业影响的群体。尽管该书并未集中讨论企业社会责任，但 Freeman 的利益相关者理论仍然对企业社会责任的理论发展产生了重大影响（Carroll，2008）。Carroll 认为，随着企业社会责任概念在 20 世纪 90 年代趋于成熟，学术界的注意力开始转向与企业社会责任相关的其他替代概念。最具代表性的概念之一就是三重底线（Trible Bottom Line，TBL）理论。Elkington（1994）在他的研究中首先提到了三重底线理论，并解释了这一理论对现代商业可持续发展的重要影响。另一方面，从 90 年代开始，全球化成为企业社会责任的新话题（Muirhead，1999；Frederick，2008）。企业在受益于国际市场的同时，也需要反思如何维护与服务这一市场。1998 年，壳牌成为第一家发布企业社会责任报告的大型国际公司，这是一个值得纪念的时刻（Tripathi & Bains，2013）。进入 21 世纪，企业社会责任的应用迅速蔓延到整个商业世界（Horrigan，2007）。如今，企业社会责任已成为企业参与全球市场竞争、追求可持续发展不可或缺的一环（Carroll，2008）。

在总结大量参考文献的基础上，表4-1 汇总了各个阶段企业社会责任评估的关键流程。

表4-1　各阶段企业社会责任评价的关键进程

年代	时间区间		标志性人物	重要进程
慈善时代	1950 年之前	20 世纪50 年代前	大型企业，例如，The Kellogg Company 和 Cadbury	（1）企业被划分为营利性企业与非营利性企业； （2）具有专业背景以及受过高等教育的企业管理人员对企业社会责任的含义与理解掌握主要话语权； （3）有极少数企业尝试改善与员工之间的关系； （4）20 世纪 20 年代现代企业社会责任概念出现； （5）20 世纪 30 年代民众认为企业需要对社会负责； （6）慈善是企业社会责任的主要表现形式

续表

年代	时间区间		标志性人物	重要进程
意识时代	1953~1967年	20世纪50年代	Howard Bowen；Theodore Levitt	（1）Bowen 于 1953 年首次定义企业社会责任； （2）慈善仍是企业社会责任的主要表现形式； （3）Levitt（1958）认为企业应该追求创造财富而非其他
		20世纪60年代	Keith Davis；Joseph W. McGuire	（1）企业社会责任的理论框架进一步发展； （2）企业社会责任的政策制定应该独立于经济目标之外； （3）企业开始注重整体企业社会责任； （4）企业社会责任的相关立法推出； （5）企业社会责任的践行并没有实际提升； （6）慈善仍是企业社会责任的主要表现形式
问题时代	1968~1973年	20世纪70年代	Milton Friedman；Harold Johnson；Patrick E. Murphy；Archie Carroll；Sandra L. Holmes；Henry Eilbirt；I. Robert Parket	（1）企业开始关注与企业社会责任有关的特殊事项； （2）Friedman 对企业发展目标的看法成为企业社会责任领域中的主要争论点； （3）Harold Johnson（1971）提出多利益群体理念； （4）企业以及学术界开始从管理角度关注企业社会责任
响应时代	1974年至今	20世纪80年代至今	Archie Carroll；R. Edward Freeman；Thomas M. Jones；John Elkington；Shell Corporation	（1）企业社会责任被认为是一种过程，而非结果； （2）Freeman（1984）的利益相关者理论进一步加深了企业社会责任的理论研究； （3）20世纪90年代学术界开始关注企业社会责任的其他替代理论； （4）Elkington（1994）提出"三重底线"原则； （5）全球化变为企业社会责任探索的新领域； （6）企业社会责任成为企业追求可持续发展的必要选择

第二节　企业社会责任的定义

作为企业社会责任领域的先驱之一，Howard Bowen 在其《商人的社会责任》一书中首次定义了企业社会责任（Carroll，1999；Kashyap，Mir & Mir，2011）。作为首个企业社会责任的正式定义，其定义如下：

企业社会责任是指商人有义务奉行相应政策，或者遵循那些符合社会目标和价值观的行动方针（Kashyap et al.，2021）。

Bowen 的定义为学术界提供了企业社会责任的概念基础，并明确了企业对社会义务的重要性。Carroll（2008）的研究指出，Keith Davis 是企业社会责任理论框架的另一个标志性人物。在 Davis（1960）的文章中，他认为企业社会责任是企业管理决策的重要组成部分。他将企业社会责任定义为：

商人出于至少部分超出公司直接经济或技术利益的原因而采取的决定和行动。

与 Bowen 的定义相比，Davis 的定义指出企业社会责任的目的或回报不应受到经济目标的限制。与 Davis 对企业社会责任的观点类似，Frederick（1960）阐述了他的企业社会责任理念。他认为，完整的企业社会责任理论应满足以下五个先决条件：

（1）企业社会责任的价值标准应该结合经济生产和分配的要求，特别是结合经济增长和发展的要求。

（2）企业社会责任必须以现在正在出现的管理和行政的新概念为基础，即符合管理发展的趋势。

（3）完整的企业社会责任理论需要充分结合历史与文化因素。

（4）企业社会责任理论应充分考虑个体商人的经营意图。

（5）任何与企业社会责任有关的商业行为不是自动产生的，而是企业内部管理人员经过深思熟虑的结果。

Frederick（1960）关于企业社会责任的观点总结了之前的理论工作，并重申了企业社会责任决策的目的。同时，值得注意的是，Frederick还强调了管理的重要性。1971年，美国经济发展委员会（CED）进一步对企业社会责任进行了较为全面的界定（Carroll，2008）。与利益相关者理论类似，CED的社会责任定义被细化为"三个圈"：

（1）内圈。有效执行企业的经济职能——包括产品推广、就业和经济增长等。

（2）中间圈。在完成内圈职能的前提下，关注不断变化的社会价值观并关注相应的社会责任事项：例如，环境保护；员工雇用与培训以及与员工之间关系的维护；客户对信息透明的要求、客户公平问题等。

（3）外圈。概述了企业应承担的新出现的、仍不明确的责任，以更广泛地参与到改善社会环境的行动中。

"三个圈"理论细化了企业社会责任的理论框架，并充分呈现了比以往更实用的企业社会责任定义（Carroll，2008）。1979年，Carroll提出了他的社会责任概念。在他的研究中，他将企业社会责任定义为：

企业的社会责任包括社会对企业在特定阶段的经济、法律、道德和自由裁量的期望。

Carroll的定义旨在明确企业面临的社会问题（Carroll，1979）。Carroll（1983，1991）在其研究中进一步指出，"四分"理论（经济责任、法律责任、道德责任和自由裁量责任）代表企业社会责任的核心价值，即企业需承担的核心责任。同时，Carroll 的"四分"理论框架指出了企业社会责任行为的受益群体，这个群体也可被视为利益相关者理论的另一种形式（Carroll，2016）。

Lance Moir 采用了 Carroll 的方法，并将企业管理者自身对企业社会责任的定义带入了学术界（Dahlsrud，2008）。在 Moir（2001）的研究中，他强调了企业管理的职能，以及企业管理在企业社会责任实施中的重要性，要形成企业社会责任的充分定义，企业管理的作用是不可忽视的。在 Bowman 和 Haire（1975）的研究中，他们认为企业社会责任决策应该来自于良好的管理行为。换句话说，一个负责任且高效的管理层应该更加关注企业社会责任（Cornett et al.，2016）。

2011 年，Lawrence 和 Weber 在他们的著作《商业与社会：利益相关者、道德、公共政策》（Business and Society：Stakeholders，Ethics，and Public Policy）中阐述了他们对企业社会责任的理解。他们表示：

企业社会责任意味着企业的经营活动应能促进社会及民众的发展，并对影响人类、社区和环境的任何行为负责。

在定义之后，他们进一步认为：

这一概念基于责任一词，可理解为"承诺回报"，即回馈社会和企业利益相关者的承诺。这需要企业承认和纠正企业的经营行为对社会的伤害。如果企业的经营行为严重损害了部分利益相关者的利益，或者企业的投资对社会产生了负面影响，那么企业需要放弃部分利润。

在企业社会责任的演变过程中，每个时代的学者对企业社会责任都有自己独特的理解。因此，很难对企业社会责任作出一个完整的定义（Hamidu，Haron & Amran，2015；Jhawar & Gupta，2017）。不同群体定义企业社会责任的出发点往往源于各自的利益和目的（Low，2016）。在 Low 的研究中，他收集了 73 个企业社会责任定义。用 Low 的话说，企业社会责任是一个涵盖多种主题的"多学科概念"。然而，在众多的企业社会责任定义中可以发现一些共同点。Dahlsrud（2006）在他的研究中分析了37个企业社会责任定义，通过研究发现，企业社会责任被提及最多的五个关键点是"利益相关者、社会、经济、自愿和环境"。此外，Cochran（2007）认为，这五个关键点恰恰符合了TBL理论，TBL已经是现代企业社会责任的重要理论基础。

综合前人研究，企业社会责任的定义可能有数百种。除了相同的关键点外，很多关于企业社会责任的定义都有其侧重点。由于Carroll（1979）的企业社会责任定义和"四分"理论框架被学术界广泛接受（Carroll & Shabana，2010），它也将作为本书的主要概念基础。将Carroll（1979）、Frederick（1960）、Moir（2001）、Lawrence和Weber（2011）等学者对企业社会责任的理解与利益相关者理论、企业管理理论、三重底线理论等主要理论相结合，作为研究与讨论的基础，本书将企业社会责任定义为：

企业社会责任（Corporate Social Responsibility，CSR）是在法律和道德规范约束下，对企业利益相关者产生影响的负责任的、非以营利为目的的企业管理行为。

第三节　企业社会责任的作用

一、企业社会责任在现代商业社会中的作用

（一）增强企业声誉和品牌价值

企业的声誉与品牌形象是企业社会责任可以带给企业无可争议的积极影

响。通过对社会和环境问题以及对其他利益相关者的关注，企业能够赢得消费者的信任和忠诚度，增强品牌价值，并在竞争激烈的市场竞争中建立品牌优势。具体可以从以下五点分析：

（1）增加社会影响力。通过积极关注社会问题和提高企业职工福利，企业可以树立自己的社会影响力。例如，通过支持慈善事业、社区项目或环境保护活动，企业可以在社会中产生积极的影响，提高其声誉和品牌形象。

（2）企业经营的透明度和道德标准。企业社会责任要求企业在经营过程中保持透明度，即对公众公示企业经营的理念与经营行为；同时也要求企业在经营活动中保持较高的道德标准。包括诚信经营、遵守法律法规、避免不正当经营活动等。这也是企业从侧面提高声誉同时增加社会公信力的有效手段。

（3）企业创新性和可持续发展。企业社会责任也要求企业将可持续发展作为远期公司战略，在推动创新的同时关注环境等问题所带给社会的影响。通过研发和推出符合可持续发展原则的产品和服务，企业可以满足消费者对环保和社会责任的需求，树立自己在可持续发展领域的领导地位。

（4）建立合作伙伴关系。在利益相关者理论中，政府作为一个重要环节在企业社会责任的评价中发挥关键作用。企业应与政府以及其他非营利组织积极合作，共同解决社会问题，这有助于提升企业声誉与社会影响。通过与政府等建立战略性合作伙伴关系，企业可以扩大其社会影响力，并与其他具有影响力的组织一起推动社会变革。

（5）品牌故事和传播。企业社会责任的实践提供了许多具有故事性和吸引力的素材，可以用于品牌故事的讲述和传播。通过有效地传达企业在社会责任方面的努力和成就，企业可以增强消费者对品牌的认知和好感，提高品牌的价值和吸引力。

企业通过积极履行企业社会责任，可以有效提高自身的声誉和品牌价值。这不仅有助于建立消费者的信任和忠诚度，还能够吸引更多的潜在客户和投资者，提高企业的竞争力和可持续发展能力。

（二）提高利益相关者满意度

企业社会责任要求企业充分考虑并积极回应各种利益相关者的需求和期望，以及建立与社会价值观相符合的企业文化，包括员工、客户、社区、投资者、政府等。通过满足利益相关者的需求，企业能够建立良好的合作关系，增加合作伙伴之间的支持与理解，并减少潜在的风险。

（1）与员工的关系。企业可以通过提供良好的工作条件、公平的薪酬和福利、职业发展机会以及员工培训等方式，关心和满足员工的职业需求与精神需求。企业维护好与员工的关系有助于提高员工满意度、忠诚度和工作效率，同时减少优秀员工流失率，为企业建立稳定的人力资源基础。企业社会责任可以激励员工、提升员工的工作效率。员工更倾向于在能够创造意义、建立积极企业文化的企业中工作，并为实现社会价值做出努力。通过提供员工参与社会责任项目的机会，企业可以增强员工的企业归属感和满意度，提高员工的工作动力和绩效。

（2）与客户的关系。企业可以通过提供高质量的产品和服务，关注客户需求和反馈，建立良好的客户关系。通过积极回应客户的问题和关切，提供个性化的解决方案，以提高客户满意度，并增加客户忠诚度和口碑推荐。

（3）与供应商的关系。企业可以与供应商建立合作伙伴关系，确保供应链的可持续性，共享经营理念与企业发展战略。这需要确保供应商符合环境、社会和道德标准。通过关注供应链的社会责任要求，企业可以提高供应商满意度，并减少供应链风险。

（4）与社区的关系。企业可以积极参与社区事务，支持当地社区的发展，建立社区"管家"理念。这包括投资社区公益项目、提供社会福利资源、支持社区教育和培训等。通过与社区建立良好的关系，企业可以增加社区的支持和认可，维护企业经营的第一生存环境。

（5）与投资者的关系。企业可以通过提升资金使用效率与生产经营透明度以及有效的沟通，与投资者建立良好的关系。这包括提供准确和及时的财务信息，积极回应投资者的关切和问题，以及展示企业的远期目标和长期可持续发展战略。通过建立与投资者之间的信任，企业可以提高投资者对企业的满意度和信心。

（6）与政府的关系。政府是企业所处经营环境中的政策制定者，与政府建立良好的关系，贯彻政府制定的发展战略有助于企业更好地适应所处的商业环境。

通过关注和满足利益相关者的需求和期望，企业可以建立良好的合作关系，增加利益相关者的支持度和满意度，减少潜在的冲突和声誉风险。这有助于提高企业的可持续发展能力，并在竞争激烈的市场中获得竞争优势。

企业社会责任的实践可以帮助企业降低经营风险和成本。通过采取可持续的商业实践，如减少碳排放、推动环境保护、支持社会公益事业等，企业可以为社会和环境做出积极贡献。这有助于解决全球性的资源与环境问题，促进可持续的经济增长和社会进步。

通过积极履行社会责任，企业可以成为商业环境和社会变革的推动者。通过创新和实践，企业可以推动行业标准的提高，鼓励其他企业跟随并采取类似的社会责任行动。这有助于建立一个更加公正和包容的商业环境。

综上所述，可以看出企业社会责任在现代商业环境中具有重要作用，不仅有助于企业的长期发展，还能够提升企业的声誉和品牌价值，满足利益相关者的期望，降低经营风险和成本，并推动社会变革，帮助企业实现远景目标。

二、企业社会责任在银行金融系统中的作用

（一）金融包容性

银行系统的一个重要目标是促进金融包容性，确保金融服务能够普惠到各个社会群体和地区，包括贫困人口、农村地区和小微企业等。通过践行企业社会责任，银行可以开发和提供满足不同需求的金融产品和服务，促进金融包容，减少贫困和不平等现象。企业社会责任在银行金融系统中的金融包容性体现在以下四个方面：

（1）普惠性金融产品与金融服务。银行通过践行企业社会责任的要求确保金融产品和服务的普惠性，使其适用于各个社会群体和地区。这包括为低收入人群提供低成本金融产品、为农村地区提供农业金融服务、为小微企业提供低息或小额贷款等。通过提供普惠性金融产品和服务，银行可以帮助那些传统上被排除在金融服务之外的群体融入正规金融体系，满足他们的金融需求。

（2）金融教育和普及。银行通过企业社会责任项目开展金融教育和金融知识普及活动，提高公众对金融知识和技能的认识和理解。定期提供金融素养培训、举办理财讲座、开展金融教育宣传等。通过提高金融教育水平，银行可以帮助人们更好地理解和利用金融工具，提高民众的理财能力。

（3）数字金融的推广。随着数字技术的发展，数字金融成为民众接触金融信息与理财服务的重要工具。银行等金融系统通过普及数字金融服务并且提高服务的透明度可以确保民众在使用数字金融工具，如移动支付、电子银行等的信任度与普及程度。

（4）社区投资与合作。银行作为金融机构，可以通过积极参与社区事务和慈善事业，回馈社会。银行可以增加在社区层面的投资与合作，共同开展金融普惠项目，支持贫困地区的金融发展，支持教育项目、社区发展计划、慈善捐赠以及提供金融服务和培训等。通过与社区合作，银行可以更好地了解当地需求增强公众对其的认可和支持。

通过以上与企业社会责任相关的金融举措，银行可以积极推动金融包容性，确保金融服务普惠到各个社会群体和地区。作为资本的重要媒介，银行等金融机构践行企业社会责任有助于减少贫困和不平等现象，促进经济增长和社会稳定。同时，银行也可以通过这些举措提升其声誉和企业价值，增强客户忠诚度，并获得潜在的商业机会。

（二）风险管理和合规性

银行等金融系统需要遵守各种法规和监管要求，以确保金融市场的稳定和保护客户利益。企业社会责任要求银行等金融机构在风险管理和合规性方面发挥积极作用，包括遵守反洗钱和反恐怖融资等规定，保护客户数据隐私，防止金融欺诈，等等。通过有效的风险管理和合规性措施，银行等金融机构可以增强公众对其可靠性和诚信度的信任。企业社会责任在银行金融系统中的风险管理和合规性体现在以下三个方面：

（1）遵守法律和监管要求。银行等金融机构应首先确保其业务活动符合法律法规和监管要求。这包括遵守反洗钱和反恐怖融资的法规、保护客户隐私和数据安全、遵循消费者保护法规等。通过遵守法律和监管要求，银行可以降低违规风险，维护金融系统的稳定性和可靠性。

（2）风险管理和内部控制。企业社会责任在银行金融系统内部首先体现在风险管理和内部控制方面。银行通过制定和实施有效的风险管理框架和内部控制措施，识别、评估和规避各类风险，如信用风险、市场风险、操作风险等。这有助于确保银行的业务运作在合规性和可控性的范围内,减少风险对金融系统的影响。

(3)可持续金融和环境风险管理。企业社会责任还包括银行等金融机构在可持续金融和环境风险管理方面的努力。银行等金融机构可以制定和实施环境和社会风险管理政策,评估和管理与其业务活动相关的环境和社会影响,采取措施减少碳排放、推动可再生能源、支持环保项目等。通过管理环境风险,银行可以降低与环境相关的潜在声誉风险。

通过在风险管理和合规性方面积极履行企业社会责任,银行等金融机构可以降低潜在的法律风险、声誉损失风险和业务违规风险,维护金融系统的稳定性和可靠性。此外,合规性和风险管理的有效实施也有助于银行获得监管机构的认可和信任,为其业务发展提供有利条件。

(三)可持续金融

企业社会责任鼓励银行在金融活动中考虑环境、社会和治理(ESG)因素。银行等金融机构可以通过提供可持续融资和投资产品,支持环境友好项目,推动可持续发展和低碳经济。此外,银行还可以通过 ESG 信息披露,提高运营透明度,帮助投资者和利益相关者评估其可持续性绩效。企业社会责任在银行金融系统中的可持续金融性体现在以下四个方面:

(1)可持续投资和融资。银行通过企业社会责任积极推动可持续投资和融资。这包括提供融资支持给可再生能源项目、清洁技术创新、环境保护项目等,以推动低碳经济和可持续发展。银行还可以开发和推出可持续金融产品和服务,如绿色债券、可持续发展贷款等,以满足客户对可持续投资的需求。

(2)环境和社会风险管理。银行可以制定和实施环境和社会风险管理政策,评估和管理与其业务活动相关的环境和社会影响,采取措施减少碳排放、推动资源节约、支持社会发展等。通过管理环境和社会风险，银行可以降低与可持续发展不符的潜在投资和声誉风险。

（3）社会和利益相关方参与。银行可以与非政府组织、政府机构、学术机构和社区组织等合作，共同推动可持续金融议程，共同解决社会和环境问题。银行可以开展利益相关方对话和咨询，了解他们的需求和关切，并将其纳入决策过程中，以确保可持续金融的多方参与和共同责任。

（4）报告和披露。企业社会责任要求银行在风险管理和合规性方面保持透明度，并及时披露相关信息。银行可以通过披露其企业社会责任政策和实践，定期发布可持续发展报告，公开披露其风险管理政策、合规性措施、环境和社会影响等信息回应公众关切。提高信息透明度有助于建立信任，提高公众对银行的认可度，使利益相关方能够了解银行的风险状况和对可持续发展做出的努力。同时银行可以公开披露其可持续金融策略、目标、绩效和影响等信息，向利益相关方展示其为可持续金融努力的成果和进展。

通过在可持续金融方面积极履行企业社会责任，银行可以推动低碳经济转型、促进环境和社会可持续发展。同时，银行的可持续金融也为客户提供了更多选择，满足他们对可持续投资和融资的需求。

综上所述，企业社会责任在银行金融系统中发挥着重要作用，包括促进金融包容性、风险管理和合规性、可持续金融、社区参与和慈善事业，以及透明度和沟通。通过履行企业社会责任，银行可以增强其声誉和品牌价值，建立长期竞争优势。

第五章　银行如何看待企业社会责任

第一节　企业社会责任对银行的影响

一、发达国家银行系统观点

Prior 和 Argandoña（2009）认为，银行系统的功能是社会福利和资本运行的重要组成部分。Cuesta-González、Muñoz-Torres 和 Fernández-Izquierdo（2006）认为，资本中介服务体现了银行系统的核心职能。围绕这一核心职能，银行为客户提供了财富升值的机会（Prior & Argandoña，2009）。换句话说，作为经济发展的重要一环（Pratihari & Uzma，2018），银行系统在资本运行和社会发展中发挥着重要作用（Abusharbeh，2017）。

2008 年金融危机是经济社会的一个重要转折点。自 2007 年 12 月开始，2009 年 6 月结束的"黑色十八月"对多个行业的运营策略和财务绩效提出了

美国银行业企业社会责任研究

极度严苛的挑战，其中银行体系尤甚（Bhimjee，Ramos & Dias，2016）。由于整个金融系统经常因信用问题和违规操作等行为而广受社会的质疑和谴责（Pollay & Mittal，1993；Norberg，2018），在后金融危机时代，银行业关心的是如何重塑行业形象，如何重拾客户信心，如何履行社会职能（Lentner et al.，2015）。

然而这些问题并非只存在于经济下行时期，而是在银行系统长期存在的共生性问题。为了解决这些问题并缓解来自社会各个层面对银行体系的负面情绪，银行机构应该承担更多的社会责任，并转变其经营策略以追求长期目标和可持续发展（Cornett et al.，2014）。换句话说，2008 年的大衰退之后，银行业需要更加关注企业社会责任实践（Weber，Diaz & Schwegler，2014；Lentner et al.，2015；Pratihari & Uzma，2018），将股东以外的利益相关者充分纳入银行机构的长期目标制定中（Achua，2008；Pérez，Martinez & Bosque，2013）。

与理论相对应，在现实中，由于践行企业社会责任的成本极高，且企业社会责任与财务绩效之间的关系存在不确定性，整个银行系统尚未就是否全面践行企业社会责任达成广泛共识（Shen et al.，2016）。最重要的原因之一是学术界的派系纷争（Pérez & Rodríguez del Bosque，2015；Shen et al.，2016）。综合过去研究，很容易就可发现，企业社会责任的拥趸与企业经济利益最大化的支持者都有非常可观的群体，并且银行机构作为典型的营利性机构一直以经济利益作为首要战略目标。值得庆幸的是，进入 21 世纪，特别是 2010 年之后，越来越多的学者重新定位企业社会责任在企业乃至整个经济社会中的作用。大量研究表明，企业社会责任在银行业的应用受到了高度重视。这一改变也为整个银行体系提供了新的发展思路。在这些研究中，主张银行机构全面践行企业社会责任的比重越来越大。然而，反对者的声音也极

· 84 ·

为突出。针对双方的观点下面列举了部分代表性研究：

Callado-Muñoz 和 Utrero-González（2011）在他们的文章中研究了企业社会责任对西班牙储蓄银行和商业银行在抵押贷款和存款方面的竞争力影响。他们研究了 1999~2004 年西班牙践行企业社会责任的银行的利率和客户对利率的容忍度。结果表明，虽然储蓄银行通常对抵押贷款收取较高的利率，对客户支付较低的存款利率，但良好的社会形象缩小了客户对这一利差的负面看法，这也侧面说明储蓄银行的客户对银行机构的社会责任感可以较为积极地影响客户对存贷利差的容忍度。

在 Pérez 和 Rodríguez del Bosque（2015）的研究中，也证实了西班牙银行机构中企业社会责任与客户行为之间的正相关关系。通过对储蓄银行和商业银行的评估，他们发现企业社会责任认知能够有效刺激客户的"回购"行为，提高客户满意度，从而使"企业社会责任银行"在竞争中脱颖而出。Murawski（2016）在他的文章中指出，日本银行机构"在社会责任领域非常活跃"。日本越来越多的银行致力于参与企业社会责任并向公众提供相关的可持续发展报告。

Gangi、Mustilli 和 Varrone（2019）以 20 个欧洲国家的 72 家银行为基础，研究了欧洲银行系统内部企业社会责任对银行员工绩效的影响。在他们的研究中，企业社会责任分为内部和外部两个维度。内部企业社会责任被定义为"员工关系"；社会贡献等则被称为外部企业社会责任。同时他们引入了企业"公民"意识，即履行公民的义务。他们的研究结果表明，内部企业社会责任与"公民"意识之间存在正相关关系。他们的研究进一步显示，较高的外部企业社会责任参与度和良好的企业"公民"意识均能提升企业在银行系统内的声誉，而良好的声誉则可进一步帮助"公民"银行机构追求更可观的财务绩效。

二、发展中国家银行系统观点

与发达国家相比，发展中国家对银行业的企业社会责任参与度持更积极的态度。特别值得注意的是，针对发展中国家银行机构的大多数研究都表明企业社会责任对银行的财务表现具有积极影响。Frecea（2017）以三重底线（TBL）原则的人员维度为切入点研究分析了罗马尼亚国内的银行系统。根据他对代表罗马尼亚最具影响力的银行的主要信贷机构的分析，人员维度，即"公司对社区的影响以及与员工的关系"是直接影响罗马尼亚银行业的企业声誉的重要因素。Hafez（2018）分析了孟加拉国的 200 家银行，并在研究中指出，积极参与企业社会责任的实践将提高银行品牌知名度并在客户中树立良好的企业形象，会帮助银行获得较高的品牌价值并创造与竞争对手的差异化。

Moisescu（2017）从另一个角度研究了罗马尼亚的零售银行。Moisescu 在他的文章中探讨了客户忠诚度与企业六个主要利益相关者的关系，其中主要利益相关者包括"股东、客户、员工、环境、社区以及社会整体"。Moisescu 的研究指出，"一家银行越被认为专注于自身的经济成功和股东的利益，其客户的忠诚度就越低"，而其他五个利益相关者高则是提高客户忠诚度的重要因素，这也直接证明了银行仅追求经济利益最大化或仅对股东负责无法满足社会整体对银行系统的要求，银行机构需要找到经济利益与社会效益的平衡点才能更好地实现长期目标。

Adewale 和 Rahmon（2014）研究了企业社会责任对尼日利亚两家银行——United Bank for Africa 和 First Bank of Nigeria 财务业绩的影响。结果表明企业社会责任对两家银行的税后利润均产生了正向影响。基于这一研究结果，他们进一步强调银行业参与企业社会责任活动的重要性。用 Adewale 和

Rahmon 的话说，企业社会责任活动的任何支出都应被视为"投资"，不能被误认为是没有回报的慈善支出，银行机构也将从这些"投资"中获得未来的收益。

　　Platonoya 等（2018）的文章研究了海湾地区 24 家伊斯兰银行的企业社会责任参与度与财务绩效之间的关系。在研究中，Platonoya 等将企业社会责任的披露作为主要研究变量，他们的研究结果显示，企业社会责任的披露与伊斯兰银行的财务绩效之间存在十分积极的关系。此外，他们发现企业社会责任的披露不仅对本财年的财务绩效产生影响，也会对未来的财务业绩产生积极影响。Platonoya 等认为，企业社会责任实践将提高伊斯兰银行的竞争力，同时银行机构践行企业社会责任对未来的正面影响可以确保银行在面对未来的不确定性中保持相对稳定的长期财务绩效。

　　Matuszak 和 Różańska（2019）以线性和非线性实证模型研究了企业社会责任对波兰 18 家商业银行财务绩效的影响。一方面，他们在研究中将企业社会责任分为"环境、人力资源、产品和客户、社区参与度"四个维度。线性模型分析表明企业社会责任与财务绩效之间存在中性且不显著的关系。然而，非线性模型的分析中却显示了不同的结果。另一方面，他们发现"人力资源与净息差之间存在'U'形关系"。当人力资源投资提高到一定水平后，波兰银行业将受益于人力资源投资。同时，他们的研究也证实了"社区参与度与净息差、产品与客户与资产回报率之间呈倒'U'形关系"。Matuszak 和 Różańska 进一步认为，对社区参与、产品和客户的过度投资不会相应地改善财务绩效，但银行机构可以寻求在这两个企业社会责任维度的合理投资比例，这也可以为银行机构带来相应的财务绩效。

三、反对者的声音

　　众多企业社会责任的支持者提供了大量证据来支持企业社会责任活动的

参与度对银行体系财务绩效的正面影响。然而，我们也能听到相反的声音。Soana（2011）认为，目前没有直接证据证明企业社会责任与财务绩效之间存在明确的关系。Zhi 等（2010）对 2500 家金融公司进行了一项跨国研究。研究结果可以归纳为三个方面：①研究中发现大型金融公司更关注企业社会责任。然而，企业社会责任对这些大型金融机构的财务绩效影响并不显著。②市场份额的竞争是金融机构参与企业社会责任活动的主要诱因，并非是真心为社会做贡献。③针对企业社会责任与企业道德的立法是促进金融机构参与企业社会责任的另一个主导因素。尽管如此，金融法规相对完善的国家金融机构对投资者的保护做得更好，现行的法律法规似乎也更倾向于保护股东的权益。

四、企业社会责任、企业声誉和财务绩效

作为企业社会责任最常被提及的直接收益——企业声誉，即企业形象，是任何企业追求长期成功和可持续发展不可或缺的要素（Lai et al.，2010；Verčič & Ćorić，2018）。良好的企业形象被认为是建立企业利益相关者信心、提高客户忠诚度和获得竞争优势的有效因素（Vidaver-Cohen，2007；Verčič & Ćorić，2018）。此外，良好的声誉将减少企业因负面信息和事件而造成的损失（Lange，Lee & Dai，2011）。

在商业社会中，企业社会责任一直被认为是打造积极的企业声誉或形象的有效手段（Hasan & Yun，2017）。换句话说，企业社会责任可以被视为企业形象的一部分，进而提升企业的竞争力（Lu et al.，2019）。对于一个公司来说，企业形象和声誉会直接或间接地影响企业的财务业绩。Gatzert（2015）认为，企业声誉可以与客户感知联系起来。她进一步表示，任何声誉受损事件都可能导致客户转向公司的竞争对手，从而降低企业的市场份额。Johnson、Xie 和 Yi（2014）使用 1996~2009 年的 2645 个样本研究了企业形象对财务绩效的影响。结果表明，任何声誉损害都会对企业销售额和销售成本产生极其巨大的负面影响。

声誉作为一种无形资产，与客户忠诚度和企业绩效密切相关。对于常被公众诟病的银行业来说，企业的财务业绩很容易受到企业声誉受损的影响。针对这一问题，积极参与企业社会责任活动或可成为增加声誉价值并确保公司财务业绩的有效手段（González-Ramos，Donate & Guadamillas，2018）。

第二节　美国银行业的企业社会责任

在过去的三十年中，金融服务业在美国整体经济中经历了快速增长（Greenwood & Scharfstein，2013）。根据美国经济分析局的数据，2016 年，金融和保险业为美国国民生产总值贡献了 24083 亿美元（约占国民生产总值 320849 亿美元的 7.50%），经济增加值 14049 亿美元（与 186245 亿美元的所有行业经济增加值相比约占 7.54%），缴纳的税金 701 亿美元（与 12262 亿美元的美国税收相比，约占 5.72%）。从各项数据可以看出，健康的金融体系对促进经济增长发挥着重要作用（Aurangzeb，2012；Khan et al.，2015；Prochniak & Wasiak，2017）。在任何一个经济体中，银行业都被视为金融体系中的支柱产业之一，也是衡量经济体可持续发展的基准（Gulzar，2018）。作为资本中介，银行体系促进了资本的流转和有效利用（Agu，1984）。就整体经济发展而言，稳定的银行系统可确保国家稳定的产出和增长（Jokipii & Monnin，2013）。因此，研究企业社会责任在美国银行金融系统中的影响是十分必要的，这一研究或许可以从很大程度上改变整个国家经济运行中资金的流向继而影响经济社会的发展格局。

针对这一问题，Chih 等的研究（2010）揭示了银行机构面临的另一个难题，即企业社会责任在银行业中真正的角色是什么，又或者说银行机构参与企业社会责任的真正意图是什么。市场竞争力和投资者权利可能是任何银行机构最关心的两个问题。这些担忧可能会扭曲参与企业社会责任活动的内在意图。换句话说，企业社会责任可能是银行机构追求利润最大化的战略手段，从而失去了义务和慈善的本质。针对这一问题美国银行业有两种截然不同的声音。

Wu 和 Shen（2013）分析了包括美国银行机构在内的全球银行机构践行企业社会责任的动机。在他们的研究中，银行根据动机被分为三类："战略选择、利他主义和漂绿。"研究表明，战略银行将利用企业社会责任和政府支持来提高净利息收入（NII）、非利息收入（NonII）、资产回报率（ROA）和股本回报率（ROE）等方面的财务绩效。利他主义银行也会看到 NII 和 NonII 的增加，但由于这些银行从事企业社会责任活动的目的不是以利润为导向，它们无法抵消额外的企业社会责任所产生的费用，因此，企业社会责任对资产回报率、非利息收入以及净资产回报率不确定。由于"漂绿"银行存在投机主义，大多采取观望的态度，不会轻易参与任何企业社会责任活动，它们的财务业绩不会有明显的变化。

Bowman（2013）的研究也得出了类似的结果。Bowman 收集了 10 家美国国际银行机构对环境问题的应对资料。毫不奇怪，收集到的信息显示，自2009 年开始，银行对能源行业的投资正在从化石燃料等传统能源转向可再生和清洁能源。然而，改变投资策略的主要动因来自于风险管控的战略变化和利润最大化的总体经营策略。在 Bowman 的研究中，所有参与访谈的银行从业者都预计美国政府将在不久的将来推出碳排放政策。这一政策将不可避免地增加传统能源行业的投资成本并缩小盈利能力。另外，美国政府为新兴能源行业的投资提供额外的税收减免或补偿。这些政策补贴将被视为银行参与企业社会责任活动并趁机打造正面形象的机会。

显然，Wu 和 Shen（2013）的研究以及 Bowman（2013）的研究均揭示了企业社会责任对银行业的影响。很明显，企业社会责任对收入和成本会产生相反的作用。另外，回顾 Chih 等的分析（2010），如果政府减少针对企业社会责任的相关支持，"战略银行"还会遵循其企业社会责任战略吗？这个问题仍然是美国银行机构的管理层需要考虑的问题。不幸的是，美国银行业中针对企业社会责任的实证参考资料十分有限（Shen et al.，2016；Matuszak & Różańska，2019）。很少有研究针对美国银行业分析企业社会责任对财务表现的影响。

作为极少数研究企业社会责任对美国银行业财务绩效影响的文献之一，Simpson 和 Kohers（2002）的研究利用 1993 年和 1994 年的数据分析了 385 家美国全国性商业银行的财务绩效和企业社会责任评级。与大多数企业社会责任倡导者一样，Simpson 和 Kohers 的研究证实了企业社会责任与资产回报率之间的正相关关系，同时他们的研究也发现企业社会责任与坏账以及贷款损失之间的负相关关系。

最近的一项关于美国银行系统的研究来自 Cornett、Erhemjamts 和 Tehranian（2014）。他们利用环境、社会和治理（ESG）评分来分析企业社会责任对美国商业银行财务业绩的影响。结果显示，企业社会责任似乎与银行的财务绩效没有任何显著的关系。然而，Cornett 等的进一步研究（2016）得出了一个完全相反的结果。Cornett 等（2016）采用了与之前的研究类似的方法来分析2008 年金融危机前和后金融危机时期美国银行业的企业社会责任与财务绩效之间的联系。在他们的研究中，再次针对 ESG 评级对 235 家商业银行进行了研究。结果表明，企业社会责任与银行在两个时期的净资产回报率（ROE）均呈正相关。然而，Cornett 等表示，在后金融危机时期，企业社会责任支出较少的银行的净资产收益率与行业横向对比有所上升。这样的研究结果无疑再次给美国银行系统加重了关于企业社会责任的争论。

鉴于这些不同的观点，我们很难确定银行践行企业社会责任的真正动机，但作为追求利润最大化的机构（Prior & Argandoña，2009），银行需要一定的物质反馈来改变其投资意图和经营策略。由于银行业在经济中的功能和重要作用，银行业在社会经济运行中的作用无法替代，行业的经营策略和理念在一定程度上可以改变一个地区或者国家的经济走向。同样需要我们明确的是，银行业有着众多的利益相关者（Lentner et al.，2015）。作为营利性机构，银行业在 21 世纪需要更好地践行企业社会责任，追求长期可持续发展。然而，如前文所述只有当有足够的证据表明企业社会责任在财务绩效中的作用时，美国银行业对企业社会责任的关注才能转化到实际行动中去。

第三节　效率比：成本控制和盈利能力

自 2008 年金融风暴以来，银行系统经历了多次改革，尝试从衰退中复苏并重塑客户信心（Nguyen et al.，2016）。银行效率值作为有效的财务绩效监测指标被银行广泛应用，效率值可以有效反映银行机构的成本利用率和盈利能力的效率（Quaranta，Raffoni & Visani，2018）。效率值一直被认为是银行稳定性和风险控制的重要监控器（Niţoi，2018）。同时，良好的效率值指标也能够侧面反映银行机构的信贷增长率，反映银行的生存能力（Lakić，Šehović & Drašković，2016；Ivanović，2016）。

银行机构的效率即如何用最少的支出产生最多的利息收入与非利息收入（Sadalia et al.，2018）。作为银行业效率绩效的主要指标，效率值（Efficiency Ratio，ER）用来衡量"银行非利息支出在非利息收入和净利息收入中的占比"（Akhigbe & Stevenson，2010）。效率值（ER）可以用非利息支出除以净利息收入和非利息收入之和来计算（Forster & Shaffer，2005；Akhigbe & Stevenson，2010）。ER 计算中的净利息收入（Net Interest Income，NII）、非利息支出（Non-interest Expense，NonIE）和非利息收入（Noninterest Income，NonII）三个组成部分代表了银行业务中收入和支出的主要来源。

一、净利息收入

净利息收入是由"银行资产和负债"之间的差额决定的利息收入（Mielus，Mironczuk & Zamojska，2016）。它也可以被视为银行从投资中获得的现金流入与支付给传统存款和债务的利息流出之间的差异（Morris & Regehr，2014）。它的计算方法是资产产生的利息收入减去支付给负债的利息支出（Kotgale & Chakravorty，2017）。

利息收入是银行最传统的收入来源，通常是衡量银行收入的有效指标。由于利息收入能够快速反映市场利率，因此能够为银行调整投资策略提供有效反馈。最近，美国银行体系正在将经营策略从非利息活动转向扩大服务和金融产品范围（Stioh，2004），即非利息收入经营业务，但管理良好的银行尤其是大型银行并没有力图追求非利息收入的增加（DeYoung & Rice，2004）。可以说，净利息收入仍然是银行最重要的收入来源。

同时，银行净利息收入与平均生息资产的比率通常用来衡量银行的盈利能力和稳定性（Silaban，2017）。也就是说，净利息收入占净利润总额的比例对于银行来说非常重要。Saksonova（2014）使用净利息收入与平均生息资产的比率，即净息差（NIM）来检验欧洲和美国的银行机构 NIM 与银行稳定性之间的关系。结果表明，NIM 可以"作为银行业生存能力的重要指标"。这也从侧面证明，净利息收入仍然是反映银行财务绩效的主要财务指标。

二、非利息费用

银行总成本涵盖利息支出和非利息支出总额（Doan，Lin & Doong，2018）。非利息支出包括"银行等金融机构产生的各种运营成本：例如，员工薪酬和福利；信息技术、法律费用；咨询费用；邮资和办公用品支出；董事费用以及与建筑物和其他固定资产相关的费用"（Kovner，Vickery & Zhou，2015）。简而言之，非利息支出反映了与银行等金融机构日常运营和任何非利息收入活动相关的成本。

Samad（2014）认为，非利息支出是银行财务绩效的一个重要因素。他利用 2009 年的季度数据研究了金融危机中 244 家破产和未破产的美国银行。结果证实了他的假设，即金融危机中破产银行和未破产银行的非利息支出存在显著差异。Samad 的分析显示，所有破产银行的非利息支出在破产之前都急剧增加，而在金融危机中幸存的银行的非利息支出则保持相对稳定。Samad 的研究也补充了美国银行业非利息支出研究的空白，提高了银行对非利息支出的重视程度。此外，他的研究也进一步表明，非利息支出是衡量银行经营效率、成本控制和财务绩效的重要指标。

三、非利息收入

非利息收入通常被认为是银行客户存款和预付款以外产生的部分收入

（Damankah，Anku-Tsede & Amankwaa，2014）。近几年，非利息收入在美国银行业中的关注度持续增长（Damankah et al.，2014）。与此同时，非利息收入的关注热度反映了银行扩大服务和金融产品的新经营战略（Lepetit et al.，2008）。为了迎合竞争激烈的市场，美国银行业正在寻找新的商机来替代或补充传统的收入来源（Stioh，2004）。

Cetin（2018）研究了非利息收入率对银行盈利能力的影响。他对205个国家的银行系统进行分析发现，1999~2013年，高收入国家的非利息收入率与银行的资产盈利率（资产回报率）呈显著正相关。DeYoung 和 Rice（2004）研究了非利息收入与4712家美国商业银行财务绩效之间的关系。研究结果表明，非利息收入的增加能够提升商业银行的多元化利润结构和盈利能力。DeYoung 和 Rice 认为，非利息收入目前已经成为商业银行不可或缺的收入来源，尤其是大型银行机构。在一定程度上，较高的非利息收入也能侧面反映出银行的经营效率，例如，银行收取的费用可以反映市场需求。

Abedifar、Molyneux 和 Tarazi（2018）研究了美国商业银行非利息收入的影响。他们分析了8287家商业银行2003~2010年的季度盈利数据。结果表明，非利息收入会降低银行的信用风险。此外，他们表示，非利息收入对信贷质量的影响在后金融危机时期更为显著。尽管 Stiroh（2004）在他的研究中指出，非利息收入与传统利息收入相比不太稳定，但他随后在研究中指出，非利息收入的波动可能是多元化投资管理和风险管理不成功的结果。Sun 等（2017）也在研究中关注非利息收入带来的额外运营风险和波动性。但从另一个角度来看，风险是银行追求传统利息收入之外的利润的必然伴生因素。

非利息收入作为银行收入的重要组成部分，显著影响银行的盈利能力。无论波动性和稳定性如何，非利息收入是与传统利息收入并存的另一个主要收入来源。因此效率值（ER）可以用来反映银行等金融机构费用和成本的利用率，同时也反映了现有资产的盈利能力，是重要的经营与财务指标。

随着企业社会责任的发展和社会意识的增强，企业社会责任在整个商业界的地位越来越高。然而，银行业作为经济社会发展的重要枢纽，在这一问题上尚未达成共识。2008 年的经济大衰退加剧了这一矛盾，迫使银行机构管理层重新考虑企业社会责任的影响。由于学术参考资料稀缺且模糊，美国银行业真正践行企业社会责任的道路仍然非常漫长。

效率值是衡量企业综合财务绩效的重要指标。Benlemlih 和 Bitar（2018）研究了 3000 多家美国公司，并证实了企业社会责任与投资效率之间的正相关关系。换句话说，良好的企业社会责任表现将刺激投资效率（Samet & Jarboui，2017）。ER 衡量银行的成本控制和盈利能力，是反映成本和收入的双重衡量标准。Ohene-Asare 和 Asmild（2012）在他们的研究中指出，企业社会责任会对银行效率产生积极影响。他们进一步指出，企业社会责任可以被视为评估银行效率的重要指标。Zhu 等（2017）认为，企业社会责任可以被视为影响银行效率的积极因素。然而，Zhu 等（2017）指出，"企业社会责任也取决于银行的收入和成本"。可以说，研究企业社会责任对财务绩效的影响，收入和成本缺一不可。作为一个双重衡量指标，本书将以银行效率值（ER）作为主要研究与讨论目标。

第六章　企业社会责任的量化探讨

本书研究的目的是探讨美国银行业企业社会责任和企业财务绩效之间的相关性。本书采用 Spearman 排序相关性来检验 CSR 与 ER 之间关联的强度。本章的方法论分为以下五个部分：变量和计算、研究问题和假设、样本和数据、斯皮尔曼模型、有效性和信度。

第一节　量化与计算企业社会责任

从本书的核心目的来看，两个主要的研究变量为银行企业社会责任（CSR）和财务绩效（CFP）。为量化企业社会责任，本书将企业社会责任进一步细分为社区贡献（C）、员工关系（E）、环境问题（EN）、企业治理（G）四个子维度。根据 CSRHUB 和 Freeman（1984）利益相关者理论给出的概念框架，四个子维度分别代表企业在 CSR 活动中的受益群体。由于企业社会责任不能直接反映在 CFP 中，因此企业社会责任的影响被视为推动 CFP 变化的诱发因素。

同时，考虑到过去的相关研究（例如，Iqbal，Ahmad，Basheer & Nadeem，2012；Mahbuba & Farzana，2013；Asatryan & Březinová，2014；Hirigoyen & Poulain-Rehm，2015；等等），企业社会责任始终被视为财务绩效的推动因素。因此本书将由 CSR 的四个子维度来解释 CFP。为了比较全面地量化 CFP，本书采用效率值（ER）来代表银行财务绩效。

表 6-1 列举了本书中的研究变量。

表 6-1　本书中的研究变量

CSR 维度	财务绩效
CSR	
社区贡献	
员工关系	效率值
环境问题	
企业治理	

如本书前文中提到，ER 代表银行利用成本和费用产生收入的效率和效果。它的计算方法是非利息支出除以净利息收入和非利息收入之和（Forster & Shaffer，2005；Akhigbe & Stevenson，2010）。计算 ER，参照公式（6-1）：

$$ER = NonIE / (NonII + NetII) \qquad (6-1)$$

ER：效率值

NonIE：非利息支出

NetII：净利息收入

NonII：非利息收入

一、研究问题和相应假设

出于理论和实践的目的，在本书中，首先要解决的研究问题如下：

核心研究问题：2009～2017 年美国 28 家大型银行机构的企业社会责任（CSR）与企业财务绩效（CFP）之间是否存在相关性？

针对 Spearman 模型的分析，设立以下两个假设：

H_0：CSR 与美国 28 家大型银行机构的 ER 没有统计学上的显著关系。

H_a：美国 28 家大型银行机构的 CSR 与 ER 显著相关。

就四个子维度与 CFP 之间的相关性而言，本书进一步讨论了四个单独的问题。

问题 1：社区贡献与美国 28 家大型银行机构的 CFP 相关吗？

相应的假设：

H_{01}：社区贡献与美国 28 家大型银行机构的 ER 没有统计学上的显著关系。

H_{a1}：社区贡献与美国 28 家大型银行机构的 ER 存在显著关系。

问题 2：美国 28 家大型银行机构的员工关系与 CFP 是否相关？

相应的假设：

H_{02}：美国 28 家大型银行机构的员工关系与 ER 没有统计上的显著关系。

H_{a2}：美国 28 家大型银行机构的员工关系与 ER 存在显著关系。

问题 3：环境问题与美国 28 家大型银行机构的 CFP 是否相关？

相应的假设：

H_{03}：环境问题与美国 28 家大型银行机构的 ER 没有统计学上的显著关系。

H_{a3}：环境问题与美国 28 家大型银行机构之间存在显著关系。

问题4：美国28家大型银行机构的企业治理与 CFP 是否相关？

相应的假设：

H_{04}：美国28家大型银行机构的企业治理与 ER 没有统计学上的显著关系。

H_{a4}：企业治理与美国28家大型银行机构的 ER 存在显著关系。

二、研究采集的样本和数据

（一）研究样本

由于文化可能会影响企业对企业社会责任的理解（Orpen，1987；Palazzo，2002），考虑到文化对企业文化和企业社会责任的影响（Burton et al.，2000；Nguyen & Truong，2016），本书仅选择美国银行机构，以确保学术严谨性和实践的相关性。根据美国金融研究办公室（2017）发布的信息，本书从美国排名前40的银行控股公司和金融中介控股公司中选出了28家美国本土银行。本书分析的样本包括零售银行和投资银行。

（二）采样方法

由于本书有明确的理论框架和研究主题，因此本书选取的所有样本必须与研究目的完美契合。由于研究对象——银行机构数量众多，且数据有限，很难对每一个银行机构进行分析。因此，研究者采用目标抽样法来选择研究对象。目标抽样法，即判断抽样方法，是一种"非随机技术"，根据资格、数据可用性和研究目的选择研究样本（Etikan，Musa & Alkassim，2016）。目标抽样法可使本研究更具针对性。然而，有意选择的样本可能会挑战研究对象的代表性（Sharma，2017）。因此，代表性的不足限制了这项研究为整个美国银行业得出更广泛、更有说服力的结论。此外，由于所有选定的银行机构均为美国本土银行，并且是总资产排名位列前40的大银行控股公司和金融中介控股公司，因此本书的结论可能不适用于区域性、小型或在美国开展业务的外资银行机构。

（三）数据

（1）时间区间。2008 年金融危机是目前全球经历的最严重的经济危机，前后持续了 18 个月（Ng & Wright，2013）。这一次金融危机也是引发商业社会反思的一个重要节点。因此本书将 2009 年选为研究的起点。考虑到数据的可获得性和完整性，本书采用 2009 年至 2017 年的数据。

（2）CSR 评分。本书中的所有 CSR 评分（包括综合评分和子维度评分）均直接从 CSRHUB（www. csrhub. com）收集。根据 CSRHUB 评级方法，所有 CSR 分数均为序数数据，分值位于 ［0，100］ 区间。

（3）财务绩效数据。在本书中，ER 用来代表 CFP。在 28 个样本中，有 20 家银行机构在年报中提供了 ER。其余 8 家银行的 ER 按公式（6-1）计算。NonIE、NonII 和 NetII 从各银行机构的年度报告和 10-K 表格中收集。

（4）数据说明。本书中使用的所有数据都给出了明确的数据来源。本书中使用的所有财务指标均来自 10-K 表格或年度报告，这些报告均可供公众查阅。CSR 评分的获取需要通过 CSRHUB 的订阅和授权。

第二节　Spearman 模型

Spearman 相关性模型是当没有证据证明两个变量之间存在线性关系时对两个变量关联强度的非参数统计度量（Hauke & Kossowski，2011）。它实际上是对两个变量的排名的统计分析，而不是变量的真实数值之间的关系分析（Schober, Boer & Schwarte, 2018）。当研究中的变量是序数数据时，Spearman 相关性模型则为常用的变量分析工具（Mukaka, 2012）。本书研究旨在检验银行业企业社会责任和 CFP 之间关联的强度。本书使用的数据中，企业社会责任评分是典型的序数数据。研究目的和数据均满足 Spearman 相关性模型的前提条件。因此，本书采用 Spearman 模型来检验 CSR 对 CFP 的影响。

一、Spearman 模型逻辑

本书研究了所选银行机构在 9 年期间的 CSR 评分与 ER 之间的相关性。在 Spearman 相关模型中，ρ（rho）是代表两个变量强度信息的系数。ρ 值通常位于 [-1, 1] 区间，当 ρ 值为 0 表示无关联，值为-1 或+1 表示完全负相关或正相关（Cornbleet & Shea, 1978）。为了区分各强度关系，本书采用 Evan（1996）的强度等级分类，如表6-2 所示：

表 6-2　强度等级分类

Absolute Value of ρ	Strength of Correlation
[0.00, 0.19]	Very Weak
[0.20, 0.39]	Weak
[0.40, 0.59]	Moderate
[0.60, 0.79]	Strong
[0.80, 1.00]	Very Strong

二、计算公式

当数据集不包含并列排名时，计算 Spearman 相关模型中的 ρ 值，通常使用的公式（Mukaka，2012）如下：

$$\rho = 1 - \frac{6 \sum_{i=1}^{n} d_i^2}{n(n^2 - 1)} \tag{6-2}$$

式中，n 表示变量对总数；d_i 表示两个变量的排名差异。

当数据集包含并列排名时，为了计算 Spearman 相关模型中的 ρ 值，通常使用的公式（Puth，Neuhäuser & Ruxton，2015）如下：

$$\rho = \frac{\sum_{i=1}^{n} \{ (x_i - \bar{x})(y_i - \bar{y}) \}}{\sqrt{\sum_{i=1}^{n} (x_i - \bar{x})^2 \sum_{i=1}^{n} (y_i - \bar{y})^2}} \tag{6-3}$$

式中，n 表示变量对总数；i 表示变量对分值；x_i，y_i 表示变量排序；$\bar{x}$，$\bar{y}$ 表示变量排序平均值。

为了检验 CSR 和 ER 之间相关性的显著性，在 Spearman 分析中，α（显著性水平）为 0.05。P 值将作为显著性的衡量标准。如果 P 值小于或等于 0.05，则可以拒绝原假设，这意味着 CSR 和 ER 之间存在显著相关性。否则，接受原假设，即 CSR 和 ER 之间的相关性不显著。

第三节　研究的有效性和可靠性

一、有效性

有效性是指研究中所引用测量方法的准确性（Heale & Twycross，2015）。为证实本书的有效性，所有用于分析的 CSR 数据均来自高引用数据库。对于企业社会责任评分，CSRHUB 将企业社会责任分为十二个类别，以确保每一项企业社会责任活动都涵盖评分过程。这十二个类别根据其特征被划分入四个企业社会责任的子维度中。所有企业社会责任子维度均根据不同数据来源进行评级，包括 ASSET4、碳披露项目、IdealRatings 等。CSRHUB 对比不同数据来源的差异，通过分析差异识别数据分布偏差，并根据可信度对不同来源进行加权。CSRHUB 所公布的企业社会责任评分已被用于多项学术研究，例如 Bouvain、Banumann 和 Lundmark（2013）的研究。

在企业财务绩效方面，20 家银行机构在年报中提供了 ER。在这 20 家机构中，有的机构提供了不止一种效率值，其效率值通过不同的方法计算。为保证数据的准确性和可比性，针对"不合格"的效率值，本书仅采用通过公式（6-1）计算的效率值。为了获得其余 8 家银行机构的 ER，NonIE、NonII 和 NetII 将直接从各银行机构的年度报告或 10-K 表中收集，以确保数据的准确性。本书通过严谨、科学的方法进行数据收集和分析，以检验 CSR 分数与 ER 值之间的相关性，相关强度根据表 6-2 强度等级分类进行分析。

二、可靠性

可靠性衡量研究的一致性（Heale & Twycross，2015）。为了保证本书的稳定性和一致性，一方面，研究者对选取的 28 家银行机构 2009~2017 年的 CSR 与 ER 的相关性进行了检验。根据结果（ρ 值）对每年的数据进行比较，以调整单个财政年度分析产生的偏差。换句话说，相关性检验重复了 9 次，以保证判决的说服力。另一方面，本书中的企业社会责任分为四个子维度。除了 CSR 本身之外，每个子维度都通过 Spearman 的相关模型进行测试。对所有结果进行比较并用于进一步解释相关性。这项研究不仅分析了整体企业社会责任，而且分别研究了企业社会责任每个组成部分对企业财务绩效的影响。

第七章　美国银行的企业
社会责任分析

本书的目的是探讨 2009~2017 年美国银行业 CSR 与 ER 之间的相关性。由于部分公司没有在年报中提供 ER，也没有在 10-K 表格中提供 ER，因此本书中使用了 ER 公式（6-1）进行计算。为了确保结果和排名的准确性，所有 ER 结果均保留四位小数。本研究中使用的 CSR、C（社区贡献）、E（员工关系）、EN（环境问题）和 G（企业治理）的所有评分均来自 CSRHUB。CSRHUB 对企业社会责任的四个子维度（社区贡献、员工关系、环境问题和企业治理）进行评级，并根据评级所采用的数据来源为每个子维度赋予优先级。CSR 总体得分等于每个维度及其优先级的加权平均值。可以用下面的等式来解释：

$$\text{Overall CSR Score} = \frac{C_S C_P + E_S C_P + EN_S EN_P + G_S G_{PS}}{C_P + E_P + EN_P + G_P}$$

式中，C_S，E_S，EN_S，G_S 表示每个子维度的评分；C_P，E_P，EN_P，G_P 表示每个子维度的优先级。

根据 CSRHUB 用于生成整体企业社会责任分数的数据，每个子维度的优先级分别为 2.56（社区贡献）、2.82（员工关系）、3.69（环境问题）和 2.93（企业治理）。

第一节　美国本土银行纵向分析

一、单个银行分析

从表 7-1 银行 1 的 Spearman 分析可以看出所有 ρ 值均为负，这意味着银行 1 的 CSR 与 ER 呈负相关。根据表 6-2 强度等级划分，企业社会责任、社区贡献、环境问题与 ER 之间的相关性强度为中等。员工关系与 ER 之间存在弱相关性。企业治理则与 ER 密切相关。然而，整体 CSR、社区贡献、员工关系和环境问题的 P 值均大于 0.05。因此，不能拒绝原假设（H_0，H_{01}，H_{02} 和 H_{03}）。另外，企业治理的 P 值小于 0.05。因此，H_{04} 被拒绝，H_{a4} 被接受。因此，对于银行 1 来说，整体企业社会责任、社区关系、员工关系和环境问题与 ER 没有显著关系。企业治理责与 ER 呈负相关。

表 7-1　银行 1 Spearman 分析和假设检验

	CSR	C	E	EN	G
ρ	-0.59	-0.54	-0.32	-0.42	-0.95
相关性	Negative	Negative	Negative	Negative	Negative
强度	Moderate	Moderate	Weak	Moderate	Very Strong
P 值	0.095679148	0.130054689	0.406397014	0.260158754	6.5789E-05

表 7-2 显示了银行 2 的 Spearman 分析结果。结果中，ρ 值均为负值，这表明银行 2 的 CSR 子维度均与 ER 呈负相关。根据表 6-2，整体 CSR 与员工

关系与 ER 呈强相关；社区贡献和环境问题与 ER 呈中度相关；企业治理与 ER 密切相关。从关系显著性角度来看，整体 CSR、社区贡献和环境问题的 P 值均大于 0.05，这意味着不能拒绝原假设（H_0，H_{01} 和 H_{03}）。由于员工关系和企业治理的 P 值小于 0.05，因此 H_{02} 和 H_{04} 被拒绝；H_{a2} 和 H_{a4} 被接受。因此对于银行 2 来说，整体企业社会责任、社区贡献、环境问题与银行 2 的 ER 没有显著关系；而员工关系和企业治理责任与银行 2 的 ER 呈显著负相关。

表 7-2　银行 2 Spearman 分析和假设检验

	CSR	C	E	EN	G
ρ	−0.62	−0.44	−0.70	−0.45	−0.80
相关性	Negative	Negative	Negative	Negative	Negative
强度	Strong	Moderate	Strong	Moderate	Very Strong
P 值	0.07403733	0.232804565	0.035769575	0.227359974	0.010444518

根据表 7-3 中银行 3 的 Spearman 分析，所有的 ρ 值均为正，这表明 CSR 各子维度以及整体 CSR 与 ER 之间存在正相关关系。根据表 6-2，整体企业社会责任、社区贡献、员工关系、企业治理和 ER 之间的相关性较弱。环境问题与 ER 之间的相关性则非常弱。然而，五个 CSR 组成部分的 P 值大于显著性水平（0.05）。因此，所有原假设（H_0，H_{01}，H_{02}，H_{03} 和 H_{04}）都不能被拒绝。因此银行 3，五个 CSR 维度均与 ER 之间不存在显著关系。

表 7-3　银行 3 Spearman 分析和假设检验

	CSR	C	E	EN	G
ρ	0.32	0.22	0.37	0.16	0.24
相关性	Positive	Positive	Positive	Positive	Positive
强度	Weak	Weak	Weak	Very Weak	Weak
P 值	0.406397014	0.567119219	0.327360543	0.677607008	0.538651441

表 7-4 展示了银行 4 的 Spearman 分析。根据整体 CSR 以及四个 CSR 子维度的 ρ 值可以看出所有 CSR 要素均与 ER 负相关。根据表 6-2，整体 CSR 与 ER 之间的相关性强度为中等；环境问题与企业治理与 ER 之间的相关性较弱；社区贡献与 ER 的相关性很弱；员工关系与 ER 之间的相关性很强。根据五个 CSR 组成部分的 P 值，不能拒绝所有原假设（H_0，H_{01}，H_{02}，H_{03} 和 H_{04}），因为 P 值均大于显著性水平（0.05）。因此对于银行 4，五个 CSR 组成部分均与 ER 没有显著关系。

表 7-4　银行 4 Spearman 分析和假设检验

	CSR	C	E	EN	G
ρ	−0.52	−0.14	−0.61	−0.20	−0.38
相关性	Negative	Negative	Negative	Negative	Negative
强度	Moderate	Very Weak	Strong	Weak	Weak
P 值	0.155129091	0.727931103	0.078915226	0.601220613	0.315613394

从表 7-5 银行 5 的 Spearman 分析中的 ρ 值可以看出 CSR 对 ER 出现了混合影响。根据 ρ 值，整体 CSR、环境问题和企业治理对银行 5 的 ER 具有相反的影响。另外，社区贡献与 ER 呈正相关。员工关系与 ER 则没有明显的相关性。根据表 6-2，整体企业社会责任、员工关系、企业治理与 ER 之间的相关性强度非常弱；环境问题和企业治理与 ER 呈弱负相关。然而，P 值表明银行 5 的 CSR 组成部分与 ER 之间的相关性并不显著，这意味着不能拒绝所有原假设（H_0，H_{01}，H_{02}，H_{03} 和 H_{04}）。因此，所有五个 CSR 组成部分与银行 5 的 ER 没有显著关系。

表 7-5 银行 5 Spearman 分析和假设检验

	CSR	C	E	EN	G
ρ	−0.08	0.26	0.00	−0.27	−0.19
相关性	Negative	Positive	Neutral	Negative	Negative
强度	Very Weak	Weak	Very Weak	Weak	Very Weak
P 值	0.829806405	0.498392297	1	0.487922275	0.619806139

表 7-6 中的 ρ 值表明，五个 CSR 组成部分对银行 6 的 ER 具有混合影响。整体 CSR、员工关系、环境问题和企业治理都与银行 6 的 ER 呈负相关。然而，社区贡献则与银行 6 的 ER 呈正相关。根据表 6-2，社区贡献、环境问题和企业治理与银行 6 的 ER 的相关强度较弱；银行 6 的环境问题与 ER 的相关性较强；银行 6 的整体 CSR 与 ER 之间的相关性很强。与 Spearman 分析的显著性水平（0.05）相比，只有整体 CSR 的 P 值小于 0.05，因此，只能拒绝原假设 H_0。因此，H_a 被接受。根据上述分析，整体企业社会责任与银行 6 的 ER 具有很强的负相关性。社区贡献、员工关系、环境问题和企业治理与银行 6 的 ER 没有显著关系。

表 7-6 银行 6 Spearman 分析和假设检验

	CSR	C	E	EN	G
ρ	−0.81	0.34	−0.64	−0.29	−0.26
相关性	Negative	Positive	Negative	Negative	Negative
强度	Very Strong	Weak	Strong	Weak	Weak
P 值	0.008013938	0.363871365	0.061032958	0.444354696	0.498392297

表 7-7 显示了银行 7 的 Spearman 分析结果。五个 CSR 要素的 ρ 值表明 CSR 对银行 7 的 ER 具有混合影响。整体 CSR、社区贡献、员工关系和环境

问题与 ER 呈正相关，而企业治理与银行 7 的 ER 呈负相关。根据表 6-2 的强度水平分析，整体 CSR、环境问题和企业治理与银行 7 的 ER 之间的相关性较强；社区贡献与银行 7 的 ER 的相关性强度较弱；银行 7 的员工关系与 ER 之间的相关性很强。另外，只有整体 CSR 和员工关系的 P 值小于 0.05，这意味着 H_0 和 H_{02} 不能被拒绝，而 H_a 和 H_{a2} 可以被接受。根据上述分析，对于银行 7 来说，整体 CSR 和员工关系与 ER 呈正相关；社区贡献、环境问题和企业治理与 ER 没有显著关系。

表 7-7　银行 7 Spearman 分析和假设检验

	CSR	C	E	EN	G
ρ	0.71	0.35	0.85	0.64	−0.66
相关性	Positive	Positive	Positive	Positive	Negative
强度	Strong	Weak	Very Strong	Strong	Strong
P 值	0.031425256	0.349296926	0.003418215	0.061032958	0.051179859

从表 7-8 中可以看出，银行 8 Spearman 分析中的 ρ 值表明 CSR 组成部分与 ER 之间存在正相关关系。根据表 6-2 可以看出，社区贡献与银行 8 的 ER 相关性较强；其余四个 CSR 组成部分与银行 8 的 ER 之间的相关性强度中等。将所有五个 CSR 组成部分的 P 值与 Spearman 分析的显著性水平（0.05）进行比较，所有原假设（H_0，H_{01}，H_{02}，H_{03} 和 H_{04}）都不能被拒绝。根据研究的问题，所有五个 CSR 组成部分与银行 8 的 ER 没有显著关系。

表 7-8　银行 8 Spearman 分析和假设检验

	CSR	C	E	EN	G
ρ	0.46	0.63	0.49	0.45	0.51

续表

	CSR	C	E	EN	G
相关性	Positive	Positive	Positive	Positive	Positive
强度	Moderate	Strong	Moderate	Moderate	Moderate
P 值	0.212522295	0.070365023	0.185353818	0.224216107	0.15820707

根据表 7-9，对于银行 9，根据 Spearman 分析的 ρ 值，所有五个 CSR 组成部分均与 ER 呈负相关。由表 6-2 可知，银行 9 员工关系与 ER 之间的相关性很强；银行 9 的企业治理与 ER 之间的相关性强度很弱；银行 9 的其余 CSR 组成部分（包括整体 CSR、社区贡献和环境问题）与 ER 之间的相关性强度中等。考虑到 Spearman 分析的显著性水平，可以拒绝相应问题 2（H_{02}）的原假设，并接受假设（H_{a2}）。根据本书的研究问题，员工福利与银行 9 的 ER 呈显著负相关；其余企业社会责任组成部分，包括整体企业社会责任、社区贡献、环境问题和企业治理均与银行 9 的 ER 没有显著关系。

表 7-9　银行 9 Spearman 分析和假设检验

	CSR	C	E	EN	G
ρ	−0.59	−0.52	−0.89	−0.47	−0.18
相关性	Negative	Negative	Negative	Negative	Negative
强度	Moderate	Moderate	Very Strong	Moderate	Very Weak
P 值	0.091583366	0.151964509	0.00127189	0.201070246	0.635382648

根据表 7-10，银行 10 的 Spearman 分析中的 ρ 值表明企业社会责任组成部分对 ER 产生了混合影响。在企业社会责任五个维度中，整体企业社会责任、社区贡献、员工关系、环境问题与银行 10 的 ER 呈正相关；企业治理与银行 10 的 ER 呈负相关。根据表 6-2 可知，社区贡献与银行 10 的 ER 之间的

相关强度为中等；其余企业社会责任组成部分（包括整体企业社会责任、员工贡献、环境问题、企业治理）之间的相关性强度非常弱。将所有五个 CSR 组成部分的 P 值与显著性水平进行比较，结果显示无法拒绝所有原假设（H_0，H_{01}，H_{02}，H_{03} 和 H_{04}）。因此，所有五个 CSR 组成部分与银行 10 的 ER 没有显著关系。

表 7-10 银行 10 Spearman 分析和假设检验

	CSR	C	E	EN	G
ρ	0.09	0.40	0.18	0.01	−0.03
相关性	Positive	Positive	Positive	Positive	Negative
强度	Very Weak	Moderate	Very Weak	Very Weak	Very Weak
P 值	0.810630119	0.285985796	0.633928300	0.982881216	0.933730473

表 7-11 显示了银行 13 的 Spearman 分析结果。根据 ρ 值，所有五个 CSR 组成部分都与银行 13 的 ER 呈正相关。根据表 6-2 可知，环境问题和企业治理与银行 13 的 ER 之间的相关强度非常弱；银行 13 的其他 CSR 组成部分（包括整体企业社会责任、社区贡献与员工关系）则与 ER 之间的相关性强度适中。与 Spearman 分析的显著性水平相比，所有 P 值都大于 0.05，这意味着所有原假设（H_0，H_{01}，H_{02}，H_{03} 和 H_{04}）都不能被拒绝。对于银行 13，所有五个 CSR 组成部分都与 ER 没有显著关系。

表 7-11 银行 13 Spearman 分析和假设检验

	CSR	C	E	EN	G
ρ	0.56	0.52	0.59	0.16	0.13
相关性	Positive	Positive	Positive	Positive	Positive
强度	Moderate	Moderate	Moderate	Very Weak	Very Weak
P 值	0.120280693	0.150334815	0.097433911	0.681555503	0.732367505

根据表 7-12，Spearman 分析表明，CSR 组成部分对银行 14 的 ER 产生了混合影响。根据 ρ 值，只有环境问题与银行 14 的 ER 呈正相关，而其余四个 CSR 组成部分与银行 14 的 ER 呈负相关。根据表 6-2 可知，整体 CSR 与 ER 呈极弱负相关。社区贡献和环境问题与 ER 之间的相关性强度为中等；员工关系与 ER 之间的相关性强度很弱；企业治理与 ER 之间的相关性很强。然而，没有一个 P 值满足显著性水平。换句话说，所有原假设（H_0，H_{01}，H_{02}，H_{03} 和 H_{04}）都不能被拒绝。因此，对于银行 14，五个 CSR 组成部分均与银行 14 的 ER 没有显著关系。

表 7-12　银行 14 Spearman 分析和假设检验

	CSR	C	E	EN	G
ρ	-0. 34	-0. 49	-0. 18	0. 40	-0. 66
相关性	Negative	Negative	Negative	Positive	Negative
强度	Weak	Moderate	Very Weak	Moderate	Strong
P 值	0. 363871365	0. 178927491	0. 645384433	0. 285606535	0. 05252286

根据表 7-13，银行 15 的 Spearman 分析的 ρ 值也证明了企业社会责任五个组成部分对 ER 的混合影响。根据 ρ 值，整体 CSR 和企业治理均与银行 15 的 ER 呈正相关。社区贡献、员工关系和环境问题与银行 15 的 ER 呈负相关。根据表 6-2，整体 CSR 与环境问题之间的相关强度和 ER 非常弱；社区贡献与 ER 之间的相关性强度较弱；员工关系与 ER 之间的相关性强度为中等；企业治理与 ER 之间的相关性很强。然而，只有企业治理的 P 值小于显著性水平（0.05）。因此，只能拒绝 H_{04}。所以可以说企业治理与银行 15 的 ER 呈显著正相关，其余四个 CSR 组成部分（包括整体企业社会责任、社区贡献、员工关系和环境问题）与银行 15 的 ER 没有显著关系。

表 7-13　银行 15 Spearman 分析和假设检验

	CSR	C	E	EN	G
ρ	0.17	-0.29	-0.52	-0.13	0.87
相关性	Positive	Negative	Negative	Negative	Positive
强度	Very Weak	Weak	Moderate	Very Weak	Very Strong
P 值	0.652703184	0.442340531	0.152367402	0.74657924	0.002063598

表 7-14 中的 Spearman 分析显示，只有企业治理与银行 17 的 ER 呈正相关。其余四个 CSR 组成部分，包括整体 CSR、社区贡献、员工关系和环境问题均与银行 17 的 ER 呈负相关。根据表 6-2 相关性强的分类，银行 17 整体 CSR 与环境问题与 ER 之间的相关性较弱；员工关系与企业治理与银行 17 的 ER 之间的相关性强度为中等；社区关系与银行 17 的 ER 之间的相关性很强。由于只有社区关系的 P 值小于 0.05，因此可以拒绝原假设 H_{01}，接受 H_{a1}。因此，社区贡献与银行 17 的 ER 呈显著正相关；其余四个企业社会责任组成部分，包括整体企业社会责任、员工关系、环境问题和企业治理均与银行 17 的 ER 没有显著关系。

表 7-14　银行 17 Spearman 分析和假设检验

	CSR	C	E	EN	G
ρ	-0.30	-0.77	-0.42	-0.25	0.49
相关性	Negative	Negative	Negative	Negative	Positive
强度	Weak	Strong	Moderate	Weak	Moderate
P 值	0.426714367	0.016105693	0.255658533	0.516489552	0.178927491

根据表 7-15 的 Spearman 分析的 ρ 值可以看出，整体 CSR 和环境问题与银行 20 的 ER 呈负相关，社区贡献、员工关系和企业治理与银行 20 的 ER 呈

正相关。根据表 6-2，社区贡献与银行 20 的 ER 相关性强度较弱；银行 20 的其余四个 CSR 组成部分（包括整体企业社会责任、员工关系、环境问题、企业治理）与 ER 之间的相关性强度非常弱。考虑到 Spearman 分析的显著性水平，所有 P 值均大于 0.05。因此，所有五个原假设（H_0，H_{01}，H_{02}，H_{03} 和 H_{04}）都不能被拒绝。因此，五个企业社会责任组成部分（包括整体企业社会责任、社区贡献、员工关系、环境问题和企业治理）与银行 20 的 ER 不存在显著关系。

表 7-15 银行 20 Spearman 分析和假设检验

	CSR	C	E	EN	G
ρ	−0.11	0.26	0.06	−0.15	0.13
相关性	Negative	Positive	Positive	Negative	Positive
强度	Very Weak	Weak	Very Weak	Very Weak	Very Weak
P 值	0.776846518	0.500268264	0.8805065	0.700094231	0.74338359

由于评分数据不充分，CSRHUB 仅提供银行 21 的 2015 年之后的 CSR 整体分值，其余 4 个 CSR 子维度的分值仅由 2014 年之后的数据。对于银行 22，5 个 CSR 组成部分的评分仅有 2015 年之后的数据。因此 CSR 数据的不足限制了 Spearman 对这两家银行进行分析的准确性。为保证研究的有效性，本书不对银行 21 和银行 22 进行分析。

表 7-16 Spearman 分析中的 ρ 值表明，只有社区贡献与银行 26 的 ER 呈负相关，其余四个 CSR 组成部分（包括整体企业社会责任、员工关系、环境问题和企业治理）均与银行 26 的 ER 呈负相关。根据表 6-2，整体 CSR 与员工关系和银行 26 的 ER 之间的相关性强度非常弱，其他 CSR 组成部分（包括社区关系、环境问题和企业治理）与银行 26 的 ER 之间的相关性强度很弱。

然而，所有 P 值均不能满足显著性水平（0.05），因此不能拒绝所有原假设（H_0，H_{01}，H_{02}，H_{03} 和 H_{04}）。所以可以看出五个企业社会责任组成部分，包括整体企业社会责任、社区贡献、员工关系、环境问题和企业治理均与银行 26 的 ER 没有显著关系。

表 7-16　银行 26 Spearman 分析和假设检验

	CSR	C	E	EN	G
ρ	−0.14	0.39	−0.12	−0.31	−0.20
相关性	Negative	Positive	Negative	Negative	Negative
强度	Very Weak	Weak	Very Weak	Weak	Weak
P 值	0.715032245	0.299588759	0.764045117	0.417477917	0.601220613

表 7-17 中的 ρ 值表明，对于银行 28 来说，整体企业社会责任、员工关系和环境问题等 CSR 组成部分均与 ER 呈负相关；社区贡献和企业治理与 ER 呈正相关。根据表 6-2，银行 28 整体 CSR 与 ER 相关性较弱；社区贡献与企业治理则与银行 28 的 ER 之间的相关性非常弱；银行 28 的员工关系与环境问题和 ER 之间的相关性强度中等。与显著性水平（0.05）相比，所有 P 值均表明相关性不显著。因此，所有原假设（H_0，H_{01}，H_{02}，H_{03} 和 H_{04}）都不能被拒绝。因此，对于银行 28，所有五个 CSR 组成部分都与 ER 没有显著关系。

表 7-17　银行 28 Spearman 分析和假设检验

	CSR	C	E	EN	G
ρ	−0.33	0.03	−0.58	−0.47	0.02
相关性	Negative	Positive	Negative	Negative	Positive
强度	Weak	Very Weak	Moderate	Moderate	Very Weak
P 值	0.389241725	0.948883729	0.104289826	0.205386351	0.965768476

根据表7-18和表6-2强度等级划分，对于银行31来说，整体CSR、社区贡献、员工关系、环境问题均与ER呈弱正相关；企业治理是唯一一个与ER呈非常弱负相关的企业社会责任组成部分。然而，表7-18中的所有P值均大于显著性水平（0.05）。因此，所有原假设（H_0，H_{01}，H_{02}，H_{03}和H_{04}）都不能被拒绝。因此，对于银行31，所有五个CSR组成部分都与ER没有显著关系。

表7-18 银行31 Spearman分析和假设检验

	CSR	C	E	EN	G
ρ	0.32	0.33	0.32	0.20	−0.03
相关性	Positive	Positive	Positive	Positive	Negative
强度	Weak	Weak	Weak	Weak	Very Weak
P值	0.402226702	0.378594961	0.395745541	0.605901274	0.931585282

根据表7-19中的ρ值，所有五个CSR组成部分均与银行32的ER呈负相关。根据表6-2可知，银行32的员工关系与企业治理和ER之间的相关强度为中等；公司32的其余三个CSR组成部分（包括整体企业社会责任、社区贡献和环境问题）与ER之间的相关性很强。与显著性水平相比，整体CSR、社区关系和环境问题的P值均小于0.05。因此，可以拒绝原假设H_0，H_{01}和H_{03}，接受备择假设H_a，H_{a1}和H_{a3}；同时不能拒绝原假设H_{02}和H_{04}。因此，整体企业社会责任、社区贡献和环境问题与银行32的ER存在显著相关性；员工关系和企业治理与银行32的ER没有显著关系。

表 7-19　银行 32 Spearman 分析和假设检验

	CSR	C	E	EN	G
ρ	−0.7227	−0.6667	−0.4352	−0.6667	−0.4238
相关性	Negative	Negative	Negative	Negative	Negative
强度	Strong	Strong	Moderate	Strong	Moderate
P 值	0.02783024	0.049867231	0.241757112	0.049842201	0.255658533

表 7-20 中的 ρ 值表明，在企业社会责任的五个组成部分中，只有员工关系与银行 33 的 ER 呈负相关；其余四个企业社会责任组成部分，包括整体企业社会责任、社区贡献、环境问题和企业治理，与银行 33 的 ER 呈正相关。根据表 6-2，员工关系与银行 33 的 ER 之间的相关性很强；其余 CSR 组成部分与银行 33 的 ER 之间的相关性强度非常弱。与显著性水平相比，所有 P 值均大于 0.05。因此，所有原假设（H_0，H_{01}，H_{02}，H_{03} 和 H_{04}）都不能被拒绝。因此，所有五个企业社会责任组成部分，包括整体企业社会责任、社区贡献、员工关系、环境问题和企业治理均与银行 33 的 ER 没有显著关系。

表 7-20　银行 33 Spearman 分析和假设检验

	CSR	C	E	EN	G
ρ	0.13	0.03	−0.28	0.19	0.08
相关性	Positive	Positive	Negative	Positive	Positive
强度	Very Weak	Very Weak	Weak	Very Weak	Very Weak
P 值	0.74657924	0.931585282	0.471961793	0.619806139	0.847294022

根据表 7-21 Spearman 分析中 ρ 值和相关性强度水平，整体 CSR 和员工关系与银行 34 的 ER 呈中度正相关；社区贡献、环境问题、企业治理与银行 34 的 ER 呈弱正相关。与显著性水平相比，所有 P 值均大于 0.05。因此，所

有原假设（H_0，H_{01}，H_{02}，H_{03} 和 H_{04}）都不能被拒绝。因此，所有五个 CSR 组成部分与银行 34 的 ER 没有显著关系。

表 7-21　银行 34 Spearman 分析和假设检验

	CSR	C	E	EN	G
ρ	0.40	0.33	0.45	0.28	0.30
相关性	Positive	Positive	Positive	Positive	Positive
强度	Moderate	Weak	Moderate	Weak	Weak
P 值	0.283684344	0.380713182	0.219845675	0.470012644	0.432845327

表 7-22 中的 ρ 值表明企业治理与银行 35 的 ER 呈负相关；其余四个企业社会责任组成部分，包括整体企业社会责任、社区贡献、员工关系和环境问题，均与银行 35 的 ER 呈正相关。根据表 6-2，整体企业社会责任与企业治理与银行 35 的 ER 之间的相关强度较弱；社区贡献与银行 35 的 ER 相关性强；银行 35 的员工关系与环境问题和 ER 之间的相关性强度很弱。考虑到显著性水平，只有社区贡献的 P 值小于 0.05。因此，H_{01} 可以被拒绝，H_{a1} 可以被接受。其余原假设（H_0，H_{02}，H_{03} 和 H_{04}）不能被拒绝。因此，对于银行 35 来说，社区贡献与 ER 呈显著正相关；总体而言，整体企业社会责任、员工关系、环境问题和企业治理与银行 35 的 ER 没有显著关系。

表 7-22　银行 35 Spearman 分析和假设检验

	CSR	C	E	EN	G
ρ	0.38	0.69	0.18	0.12	−0.26
相关性	Positive	Positive	Positive	Positive	Negative
强度	Weak	Strong	Very Weak	Very Weak	Weak
P 值	0.308862189	0.037864054	0.633928326	0.764045117	0.498392297

对于银行 36，CSRHUB 仅提供 2015 年之后各 CSR 组成部分的评分。由于变量的自由度为 1，ρ 值和 P 值无法提供有说服力的证据来衡量银行 36 的 CSR 组成部分与 ER 之间的关系，为保证 Spearman 分析和研究的准确性，本书不对银行 36 进行分析。

表 7-23 中的 ρ 值表示整体 CSR、员工关系、环境问题和企业治理与银行 38 的 ER 呈负相关；社区贡献与银行 38 的 ER 呈正相关。根据表 6-2 可知，CSR 的组成部分与银行 38 的 ER 相关强度可分为三类。整体企业社会责任与环境问题和 ER 之间的相关性较弱；社区贡献和企业治理与 ER 之间的相关性非常弱；员工关系与 ER 之间的相关强度为中等。然而，所有 P 值均大于显著性水平（0.05），因此不能拒绝所有原假设（H_0，H_{01}，H_{02}，H_{03} 和 H_{04}）。因此，所有 CSR 组成部分与银行 38 的 ER 没有显著关系。

表 7-23 银行 38 Spearman 分析和假设检验

	CSR	C	E	EN	G
ρ	−0.29	0.06	−0.52	−0.35	−0.15
相关性	Negative	Positive	Negative	Negative	Negative
强度	Weak	Very Weak	Moderate	Weak	Very Weak
P 值	0.452055615	0.880506500	0.152367402	0.355819573	0.696419366

表 7-24 中的 ρ 值表明，包括整体 CSR、社区贡献、环境问题和企业治理在内的 CSR 组成部分与银行 39 的 ER 呈正相关；员工关系与银行 39 的 ER 呈负相关。根据表 6-2，整体 CSR 与社区贡献和银行 39 的 ER 之间的相关强度为中等；银行 39 的员工关系与企业治理 ER 之间的相关性强度较弱；银行 39 的环境问题与 ER 的相关性较强。与显著性水平相比，只有环境问题的 P 值

小于 0.05。因此，可以拒绝原假设 H_{03}，接受 H_{a3}。其余原假设（H_0，H_{01}，H_{02} 和 H_{04}）不能被拒绝。根据分析，对于银行 39 来说，环境问题与 ER 呈显著正相关；整体企业社会责任、社区贡献、员工关系和企业治理与 ER 没有显著关系。

表 7-24　银行 39 Spearman 分析和假设检验

	CSR	C	E	EN	G
ρ	0.45	0.43	−0.28	0.76	0.32
相关性	Positive	Positive	Negative	Positive	Positive
强度	Moderate	Moderate	Weak	Strong	Weak
P 值	0.219845675	0.243952436	0.458068844	0.017117126	0.404322536

由于计算银行 40 的 2009 财年 ER 的财务数据不足，因此仅使用 2010 年至 2017 年的数据进行 Spearman 分析。根据表 7-25 Spearman 分析的 ρ 值，CSR 组成部分包括整体 CSR、员工关系、环境问题和企业治理与银行 40 的 ER 负相关；社区贡献与银行 40 的 ER 呈正相关。根据表 6-2 可知，银行 40 的整体 CSR 与员工关系和 ER 之间的相关性很强；社区贡献与银行 40 的 ER 相关性强度很弱；银行 40 的环境问题与 ER 的相关强度为中等；银行 40 的企业治理与 ER 之间的相关性强度较弱。与显著性水平相比，只有整体 CSR 的 P 值小于 0.05。因此，可以拒绝原假设 H_0，并接受 H_a。其余原假设（H_{01}，H_{02}，H_{03} 和 H_{04}）不能被拒绝。针对本书的研究问题，整体企业社会责任与银行 40 的 ER 呈显著负相关。企业社会责任的四个子维度，包括社区贡献、员工关系、环境问题和企业治理均与银行 40 的 ER 没有显著关系。

表 7-25　银行 40 Spearman 分析和假设检验

	CSR	C	E	EN	G
ρ	−0.78	0.08	−0.68	−0.53	−0.31
相关性	Negative	Positive	Negative	Negative	Negative
强度	Strong	Very Weak	Strong	Moderate	Weak
P 值	0.023623377	0.85785883	0.060885791	0.17650983	0.452798757

二、单个银行相关性比较

图 7-1 表明了企业社会责任五个组成部分与 ER 之间具有不同相关性的个体公司的数量。在分析的 25 家公司中，大多数公司的 ER 与整体企业社会责任、员工关系、环境问题和企业治理呈负相关。另外，在大多数公司中，

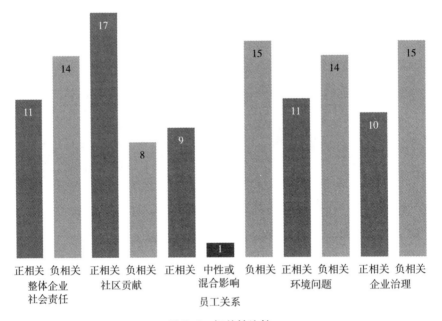

图 7-1　相关性比较

只有社区贡献与 ER 呈正相关。然而，考虑到 Spearman 分析的显著性水平
（α＝0.05），只能拒绝少数原假设。图 7-2 表明了企业社会责任的五个组成
部分与每个公司的 ER 之间关系的重要性。如图 7-2 所示，对单一银行横向
分析可得出以下 11 点结论：

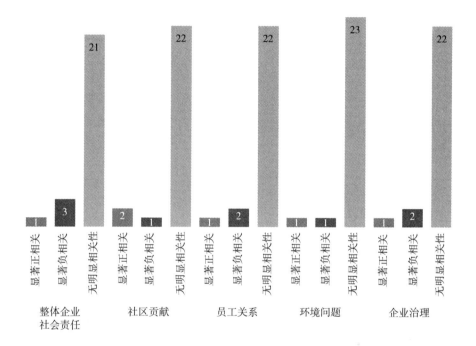

图 7-2 显著性比较

（1）企业治理与银行 1 的 ER 呈显著负相关。

（2）员工关系和企业治理均与银行 2 的 ER 呈显著负相关。

（3）整体企业社会责任与银行 6 的 ER 呈显著负相关。

（4）整体企业社会责任和员工关系均与银行 7 的 ER 呈显著正相关。

（5）员工关系与银行 9 的 ER 呈显著负相关。

（6）企业治理与银行 15 的 ER 呈显著正相关。

（7）社区关系与银行 17 的 ER 呈显著负相关。

（8）整体企业社会责任、社区贡献和环境问题均与银行 32 的 ER 呈显著负相关。

（9）社区贡献与银行 35 的 ER 呈显著正相关。

（10）环境问题与银行 39 的 ER 呈显著正相关。

（11）整体企业社会责任与银行 40 的 ER 呈显著负相关。

第二节　行业横向分析

一、年度横向分析

由于银行 21、银行 22、银行 36 和银行 40 数据缺失，2009 年行业分析针对 24 家银行。表 7-26 显示了 2009 年 Spearman 分析的结果。ρ 值表明，2009 年 CSR 的五个组成部分均与行业 ER 呈负相关。从表 6-2 可以看出，员工关系与 ER 的相关性较弱；其余四个企业社会责任组成部分（包括整体企业社会责任、社区关系、环境问题、企业治理）与 ER 之间的相关性非常弱。与 Spearman 分析的显著性水平相比，所有 P 值均大于 0.05，因此不能拒绝所有原假设。因此，2009 年，CSR 组成部分与美国这 24 家银行的 ER 没有显著关系。

表7-26 2009年行业Spearman分析和假设检验

	CSR	C	E	EN	G
ρ	-0.08	-0.14	-0.25	-0.01	-0.07
相关性	Negative	Negative	Negative	Negative	Negative
强度	Very Weak	Very Weak	Weak	Very Weak	Very Weak
P值	0.71686486	0.518102328	0.245758028	0.979051948	0.740848108

由于银行21、银行22和银行36数据缺失，2010年行业分析针对25家银行。表7-27中的ρ值表示所有五个CSR组成部分都与ER呈正相关。从表6-2可以看出，社区贡献与ER的相关性较弱；整体企业社会责任、员工关系、环境问题、企业治理和ER之间的相关性非常弱。与显著性水平（0.05）相比，所有P值均大于0.05。因此，不能拒绝所有原假设。对于2010年，这25家银行的所有CSR组成部分与ER都没有显著关系。

表7-27 2010年行业Spearman分析和假设检验

	CSR	C	E	EN	G
ρ	0.11	0.24	0.02	0.16	0.16
相关性	Positive	Positive	Positive	Positive	Positive
强度	Very Weak	Weak	Very Weak	Very Weak	Very Weak
P值	0.58661134	0.255745415	0.906737764	0.456459354	0.452558569

由于银行21、银行22和银行36数据缺失，2011年的研究中共分析了25家银行。根据表7-28分析，ρ值表明企业社会责任对ER的影响是混合的：整体企业社会责任、环境问题和企业治理都与ER正相关；社区贡献与ER呈负相关；同时员工关系和ER之间没有明显的关系。根据表6-2可知，整体企业社会责任、员工关系、企业治理与ER之间的相关性非常弱；社区

贡献和环境问题与 ER 之间的相关性较弱。然而，所有 P 值均大于显著性水平（0.05），这意味着不能拒绝所有原假设（H_0，H_{01}，H_{02}，H_{03} 和 H_{04}）。因此，企业社会责任的各个组成部分与 2011 年这 25 家银行的 ER 没有显著关系。

表 7-28　2011 年行业 Spearman 分析和假设检验

	CSR	C	E	EN	G
ρ	0.12	−0.28	0	0.27	0.08
相关性	Positive	Negative	Neutral	Positive	Positive
强度	Very Weak	Weak	Very Weak	Weak	Very Weak
P 值	0.58018917	0.17742898	1	0.188292251	0.69793345

由于银行 21、银行 22 和银行 36 数据缺失，2012 年对 25 家银行进行了分析。根据表 7-29 可知，ρ 值表明，2012 年企业社会责任的所有组成部分均与 ER 呈正相关。根据表 6-2 可知，整体 CSR 与环境问题和 ER 之间的相关强度为中等；社区贡献和员工关系与 ER 之间的相关性较弱；企业治理与 ER 之间的相关性非常弱。与显著性水平相比，整体企业社会责任的 P 值和环境问题的 P 值均小于 0.05。因此，只能拒绝 H_0 和 H_{03}，接受 H_a 和 H_{a3}。针对本书的研究问题，2012 年整体企业社会责任和环境问题均与 ER 显著呈正相关；其余的企业社会责任组成部分，包括社区贡献、员工关系和企业治理，与 2012 年这 25 家银行的 ER 没有显著关系。

表 7-29　2012 年行业 Spearman 分析和假设检验

	CSR	C	E	EN	G
ρ	0.43	0.33	0.27	0.42	0.04
相关性	Positive	Positive	Positive	Positive	Positive
强度	Moderate	Weak	Weak	Moderate	Very Weak
P 值	0.03373615	0.110507502	0.198359416	0.038994604	0.8589311

由于银行 21、银行 22 和银行 36 数据缺失，2013 年分析了 25 家银行。表 7-30 中的 ρ 值表明，企业治理是 2013 年唯一与 ER 呈负相关的 CSR 维度。总体而言，2013 年整体 CSR、社区贡献、员工关系和环境问题均与 ER 呈正相关。根据表 6-2 相关性强度，2013 年所有 CSR 组成部分和 ER 之间的关系非常弱。与显著性水平相比，所有 P 值均大于 0.05。因此，不能拒绝任何原假设（H_0，H_{01}，H_{02}，H_{03} 和 H_{04}）。针对本书研究，对于 2013 年的 25 家美国银行业来说，企业社会责任的五个组成部分均与 ER 没有显著关系。

表 7-30　2013 年行业 Spearman 分析和假设检验

	CSR	C	E	EN	G
ρ	0.15	0.05	0.18	0.18	−0.16
相关性	Positive	Positive	Positive	Positive	Negative
强度	Very Weak	Very Weak	Very Weak	Very Weak	Very Weak
P 值	0.48917763	0.829799619	0.376696324	0.391427051	0.451260083

由于银行 21、银行 22 和银行 36 数据缺失，2014 年分析了 25 家银行。根据表 7-31 中的 ρ 值，所有五个 CSR 组成部分都与 ER 呈正相关。从表 6-2 可知，整体企业社会责任、环境问题与 ER 之间的相关性较弱；社区贡献与 ER 之间的相关性强度中等；员工关系、企业治理和 ER 之间的相关性非常弱。考虑到显著性水平，只有社区贡献 P 值小于 0.05。因此，只有 H_{01} 可以被拒绝，H_{a1} 可以被接受。对于 2014 年的 25 家银行来说，社区贡献与 ER 呈显著正相关；其余四个企业社会责任组成部分，包括整体企业社会责任、员工关系、环境问题和企业治理均与 ER 没有显著关系。

表 7-31 2014 年行业 Spearman 分析和假设检验

	CSR	C	E	EN	G
ρ	0.29	0.44	0.19	0.24	0.02
相关性	Positive	Positive	Positive	Positive	Positive
强度	Weak	Moderate	Very Weak	Weak	Very Weak
P 值	0.164743980	0.027284682	0.374401117	0.251105398	0.931390252

对于 2015 年的美国银行系统，本书对全部 28 家公司进行了分析。根据表 7-32 和表 6-2，企业社会责任的五个组成部分均与 ER 呈弱正相关。然而，所有 P 值均大于显著性水平（0.05）。因此，所有原假设（H_0，H_{01}，H_{02}，H_{03} 和 H_{04}）都不能被拒绝。因此，企业社会责任的五个组成部分与 2015 年 28 家大型美国本土银行的 ER 均不存在显著关系。

表 7-32 2015 年行业 Spearman 分析和假设检验

	CSR	C	E	EN	G
ρ	0.36	0.27	0.23	0.23	0.36
相关性	Positive	Positive	Positive	Positive	Positive
强度	Weak	Weak	Weak	Weak	Weak
P 值	0.063129280	0.159155229	0.243598367	0.244131192	0.061435351

对于 2016 年的美国银行业，本书对全部 28 家公司进行了分析。根据表 7-33 中的 ρ 值和表 6-2 中的强度分类，整体企业社会责任、社区贡献、环境问题和企业治理与 ER 呈弱正相关；员工关系与 ER 呈极弱正相关。与显著性水平相比，企业治理的 P 值小于 0.05。因此，只有 H_{04} 可以被拒绝，H_{a4} 可以被接受。因此，对于 2016 年的银行业来说，企业治理与 ER 呈显著正相关；整体企业社会责任、社区贡献、员工关系和环境问题与 ER 没有显著关系。

表7-33　2016年行业 Spearman 分析和假设检验

	CSR	C	E	EN	G
ρ	0.24	0.21	0.17	0.24	0.39
相关性	Positive	Positive	Positive	Positive	Positive
强度	Weak	Weak	Very Weak	Weak	Weak
P 值	0.209735391	0.28929747	0.383031903	0.228478348	0.038299465

对于2017年的银行业，我们对全部28家公司进行了分析。表7-34中的 ρ 值表明，所有五个 CSR 组成部分都与 ER 呈正相关。根据表6-2可知，2017年银行业整体企业社会责任、社区贡献、环境问题与 ER 的相关性很弱；2017年银行业环境问题与企业治理与 ER 的相关强度较弱。然而，所有 P 值均大于显著性水平（0.05）。因此，所有原假设（H_0，H_{01}，H_{02}，H_{03} 和 H_{04}）都不能被拒绝。从本书研究问题的角度来看，整体企业社会责任、社区关系、员工关系、环境问题和企业治理与2017年美国银行业的 ER 没有显著关系。

表7-34　2017年行业 Spearman 分析和假设检验

	CSR	C	E	EN	G
ρ	0.19	0.13	0.16	0.24	0.29
相关性	Positive	Positive	Positive	Positive	Positive
强度	Very Weak	Very Weak	Very Weak	Weak	Weak
P 值	0.323786131	0.521463195	0.411014218	0.210439032	0.128483593

二、行业企业社会责任比较

与单一银行分析相比，行业横向分析发现美国银行业整体对企业社会责任的参与更为"积极"。Spearman 相关性分析表明，2009年以后，大部分

CSR 组成部分与 ER 呈正相关。可以看出，CSR 的参与可以对美国银行业的财务绩效带来积极影响。然而，大多数 P 值大于显著性水平（α＝0.05）。换句话说，本书中研究的大多数相关性在统计学上都是微不足道的。没有明显的证据支持美国银行业企业社会责任与企业财务绩效的关联。唯一被确认有效的替代假设有以下三个：

（1）整体企业社会责任和环境问题与 2012 年美国银行业的 ER 呈显著正相关。

（2）2014 年美国银行业的社区贡献与 ER 呈显著正相关。

（3）2016 年美国银行业企业治理与 ER 呈显著正相关。

第八章 针对美国银行业的研究总结

第一节 单一银行机构

本书探讨了美国银行业企业社会责任的五个组成部分与银行效率值之间的相关性。本书利用 2009~2017 年的 CSR 评分和 ER，对 25 家美国本土银行机构进行了单独的 Spearman 相关性分析。Spearman 分析的结果显示，CSR 的五个组成部分与 ER 之间存在混合关系。在企业社会责任的五个组成部分中，整体企业社会责任、员工关系、环境问题、企业治理四个部分与大多数银行企业的 ER 呈负相关；而社区贡献是大多数银行唯一与 ER 呈正相关的 CSR 要素。然而，使用显著性水平（$\alpha = 0.05$）与 P 值进行比较时，只有少数相关性被认为具有显著性。25 家银行机构之间不同相关性的数量和强度可以总结为如表 8-1 与表 8-2 所示。

表 8-1　单一银行相关性分析数量总结

	整体企业社会责任	社区贡献*	员工关系	环境问题	企业治理
正相关	11（1）	17（2）	9（1）	11（1）	10（1）
中性或混合影响	0	0	1	0	0
负相关	14（3）	8（1）	15（2）	14（1）	15（2）

注：*表示发现更多正相关；显著相关的数量包含在括号内。

表 8-2　单一银行相关性强度总结

		整体企业社会责任	社区贡献*	员工关系	环境问题	企业治理
正相关	非常弱	10, 15, 33	28, 33, 38, 40	10, 20, 35	3, 10, 13, 33, 35	13, 20, 28, 33
	弱	3, 31, 35	3, 5, 6, 7, 20, 26, 31, 34	3, 31	31, 34	3, 34, 39
	温和	8, 13, 34, 39	10, 13, 39	8, 13, 34	8, 14	8, 17
	强	7*	8, 35*		7, 39*	7
	非常强			7*		15*
负相关	非常弱	5, 20, 26	4,	14, 26	15, 20	5, 9, 10, 31, 38
	弱	14, 17, 28, 38	15	1, 33, 39	4, 5, 6, 17, 26, 38	4, 6, 26, 35, 40
	温和	1, 4, 9	1, 2, 9, 14	15, 17, 28, 32, 38	1, 2, 9, 28, 40	32
	强	2, 32*, 40*	17*, 32*	2*, 4, 6, 40	32*	14
	非常强	6*		9*		1*, 2*,
中性或混合影响					5	

注：所有数字均为银行机构标识；*表示相关性具有统计显著性。

第二节　28 家银行横向对比

采用 28 家银行机构 2009~2017 年的数据进行 Spearman 相关分析。由于 21、22、36、40 号银行数据缺失，2009 年分析了 24 家银行，2010~2014 年分析了 25 家银行，2015~2017 年分析了 28 家银行。表 8-3 总结了 Spearman 相关性分析。

表 8-3　Spearman 相关性行业分析

年份	正相关	中性或混合影响	负相关
2009	无	无	整体企业社会责任 社区贡献 员工关系 环境问题 企业治理
2010	整体企业社会责任 社区贡献 员工关系 环境问题 企业治理	无	无
2011	整体企业社会责任 环境问题 企业治理	员工关系	社区贡献
2012	整体企业社会责任* 社区贡献 员工关系 环境问题* 企业治理	无	无
2013	整体企业社会责任 社区贡献 员工关系 环境问题	无	企业治理

续表

年份	正相关	中性或混合影响	负相关
2014	整体企业社会责任 社区贡献* 员工关系 环境问题 企业治理	无	无
2015	整体企业社会责任 社区贡献 员工关系 环境问题 企业治理	无	无
2016	整体企业社会责任 社区贡献 员工关系 环境问题 企业治理*	无	无
2017	整体企业社会责任 社区贡献 员工关系 环境问题 企业治理	无	无

注：*揭示了企业社会责任成分与 ER 之间的显著相关性。

第三节　本书讨论与启示

一、本书的研究结果讨论

在本书的研究中，CSR 的各个组成部分和 ER 之间只发现了少量统计上显著的相关性。大多数原假设不能根据 Spearman 分析的显著性水平被拒绝。没有统计证据表明美国银行业企业社会责任与财务绩效之间存在联系。尽管如此，ρ 值仍然可以从某些角度解释美国银行业的现象。

然而，本书研究的结果表明，在企业社会责任的四个子维度中，只有社区贡献有利于大多数银行机构的效率值。回想一下前文中社区贡献的概念，它是指企业对其开展业务的周边社区做出的承诺和相应的效果。周围社区直接受到企业商业行为的影响，并产生反馈，这一反馈直接反映了社会需求并可以直接影响企业声誉。Brescia 和 Steinway（2013）认为，美国金融体系面临的危机是缺乏"消费者信心和信任"，并且"关于金融机构在满足社区需求方面的作用的问题已经困扰了这些机构几代人"。带着这样的担忧，他们进一步表示，"银行对消费者和社区需求的响应"是缓解信贷危机的有效方法。Lentner 等（2015）提到了同样的担忧，并指出了重建客户信心和信任的迫切性和重要性。因此，社区关系的经济回报更加明显。

与社区贡献相比，CSRHUB 从内部 CSR 的角度评估员工关系和企业治理，重点关注包括员工和董事会成员在内的内部利益相关者的相关政策和企业文化。内部企业社会责任旨在建立与企业社会责任有关的企业文化，从而影响企业内部的经营效率。然而，企业文化的建立并不是一朝一夕的事（Lin et al.，2019）。短期内不会带来明显的经济回报，也不会对客户产生直接影响。另外，环境问题并不是与银行机构直接相关的传统问题，尽管银行的投资可能会导致环境问题（Tran，2014）。对环境问题的投入不会带来明显的回报。相反，成本增加可能导致盈利能力的回落。

ER 是反映银行成本控制策略和成本敏感性的重要监测指标。本书中的单一银行分析表明，大多数银行机构在参与企业社会责任方面并未得到 ER 数据上的积极反馈。最可能的原因之一是随着企业社会责任投入的增加，成本不断增加，盈利空间被成本压缩。Lee 和 Huang（2017）认为，银行业正在经历一场激烈的竞争，这场竞争是银行业盈利能力压缩的主要原因。因此，成本管理是银行应对日益激烈的市场竞争的关键（Uppal & Kaur，2009）。成本增加和经济回报缓慢的双重影响最终导致企业社会责任与银行 ER 之间的负相关。企业社会责任通常被视为一种注重社会效益而不是经济目标的长期投资（Lawrence & Weber，2011），因此银行机构无法从企业社会责任中获得快速的财务回报。

但从美国银行业整体来看，根据行业 Spearman 分析，只有 2009 年的分析表明企业社会责任的五个组成部分与美国银行业的 ER 呈负相关。自 2010 年以来，美国银行业的 ER 与企业社会责任开始呈现正相关，也从侧面显示出美国银行业对企业社会责任的参与更加"积极"。造成这种现象的原因很可能源于金融危机中银行业面临的信用和声誉危机。由于银行业一直因信用问题而饱受诟病（Norberg，2018），如何获得社会信心、重建行业声誉成为后金融危机时期备受关注的问题（Lentner et al.，2015）。另外，企业社会责任活动的主要直接影响是声誉的提升，这是企业追求可持续发展的关键（Lai et al.，2010）。良好的企业声誉可以重建客户信心并减少企业因负面事件而造成的损失（Lange et al.，2011）。为了从大衰退中复苏，美国银行业迫切需要参与到企业社会责任的行动中来。尽管声誉的恢复并没有给单一银行机构带来立竿见影的财务成果，但它仍对恢复社会信心起到了至关重要的作用，并且在一定程度上挽回了美国银行业的声誉，从而助力了 2009 年后整个美国银行业的复苏。

二、本书研究对美国银行业的启示

本书中探讨的问题可能对美国的银行从业者有三个影响：

第一，本书通过 Spearman 相关性分析发现没有证据表明美国单一银行机构的企业社会责任参与度与财务绩效之间存在统计学上的显著关系，但研究也暗示对社区贡献的投资可能会产生积极的回报。

第二，银行业作为追求利润最大化的行业，对成本非常敏感。投资企业社会责任可能会导致更高的成本，但无法获得短期的经济回报。既然企业社会责任被视为可持续发展不可或缺的要素（Lai et al.，2010），银行如果要追求长期的成功与发展，坚持对企业社会责任的投入可能是一种不错的投资。

第三，2008年金融风暴是美国银行业重新思考企业社会责任作用的转折点。2009年以后，美国银行业对企业社会责任的态度更加积极和乐观。后金融危机时期可以发现企业社会责任与财务绩效的正相关性增加。虽然相关性并不明显，但也从侧面反映出银行业需要重塑形象，恢复客户信心和忠诚度的需求。这也充分说明企业社会责任是银行满足社会期望和从金融危机中恢复过来的有效途径。

总之，这项研究并不能证明企业社会责任与财务绩效之间存在密切关系。尽管如此，美国单一银行分析与美国银行业整体分析的比较表明，企业社会责任是长期投资，短期内不会有明显回报，但从长远来看为了追求可持续的成功，美国银行机构应坚持对企业社会责任的投入。

三、本书的研究限制

除了本书前文所述的局限性外，本书还碰到了两个意想不到的局限性，因此可能会影响研究结果。

（1）现有参考资料的稀缺。研究美国银行业企业社会责任与财务绩效之间关系的文献非常有限，无法提供足够的证据来证明这种关系的存在，也无法为财务绩效监测指标的选择提供建议。

（2）数据的缺乏。由于缺乏企业社会责任评分的来源，CSRHUB没有提供21、22和36号银行2009年至2014年的企业社会责任评分。因此，本书未对这3家公司进行分析。对于银行40，则是因为无法获得2009年的年报或SEC备案。对银行40公司的Spearman分析是使用2010~2017年的数据进行的。然而，数据的缺失缩小了这项研究的样本量，也可能影响研究结果的准确性。

四、本书对未来的研究建议

根据本书研究的局限性和研究结果，本书强烈推荐以下研究方向：

（一）定性研究（扎根理论）

理论方法旨在解释"从收集的经验数据中得出的'真理'是什么，同时避免推测或先入为主的态度"（Johansson，2019）。这样的研究可以为银行从业者提供更详细的理论依据，了解他们为什么不愿参与企业社会责任。由于一些"战略银行"利用企业社会责任来获取盈利，并利用政府补偿作为补贴来降低成本（Chih et al.，2010；Bowman，2013），参与企业社会责任的动机可能会偏离其初衷。定性研究可以收集银行从业人员的第一手数据，从而剖析银行机构投资企业社会责任的真正动因。

（二）新的财务绩效指标

在本书中，ER代表银行的财务绩效。ER是衡量银行成本效率和盈利能力的一个很好的财务指标。除了ER之外，经济增加值（Economic Value Added，EVA）也可以用来衡量公司的成本敏感性和盈利能力。EVA用来评估企业税后和减去资本成本后的净利润（Sabol & Sverer，2017）。这一财务指标也被广泛来衡量公司的财务绩效和价值创造能力（McClatchey & Clinebell，2011）。如果EVA数据可以获得，研究人员可以使用EVA来研究企业社会责任与财务绩效之间的关联。

（三）金融危机前后的比较

由于CSRHUB不提供部分银行2008年之前的企业社会责任评分，因此本书无法提供金融危机前后时期的比较。对比分析可以揭示金融危机前后美国银行业经营理念和发展战略的差异。同时，这种比较也可以反映社会对银行业期望的变化以及银行参与企业社会责任的动力。

（四）银行规模和市场细分

本书重点关注美国本土大型银行机构，并未对商业银行、零售银行和投资银行进行区分。通常情况下，企业会根据其规模和细分市场采用不同的经营理念。这也为将来的研究提供了思路，未来的研究也可以根据规模和细分市场来研究特定群体，从而获得更准确的研究结果。

自从企业社会责任的概念被引入商业社会之后，关于企业社会责任对企业财务绩效影响的争论就一直存在。虽然本书研究发现对于美国银行业来说这两者之间并不存在明显的因果关系，我也有必要最后重申参与企业社会责任和对企业社会责任投资的初衷绝不是追逐经济上的利益。一个有社会责任感的企业应该追求社会的认可度，而作为回报，企业也将受益于社会的认可并最终取得长久的发展。

参考文献

［1］ Abedifar, P., Molyneux, P., & Tarazi, A. Non-interest Income Activities and Bank Lending ［J］. Journal of Banking & Finance, 2018 (87): 411-426.

［2］ Abor, J. Y. Contemporary Issues in Management Development in Africa ［M］. London, United Kindom: Adonis & Abbey Publishers Ltd., 2016.

［3］ Abusharbeh, M. T. The Impact of Banking Sector Development on Economic Growth: Empirical Analysis from Palestinian Economy ［J］. Journal of Emerging Issues in Economics, Finance and Banking, 2016, 6 (2): 2306-2316.

［4］ Achua, J. K. Corporate Social Responsibility in Nigerian Banking System ［J］. Society and Business Review, 2008, 3 (1): 57-71.

［5］ Adewale, M. T., & Rahmon, T. A. Does Corporate Social Responsibility Improve an Organization's Financial Performance? - Evidence from Nigerian Banking Sector ［J］. IUP Journal of Corporate Governance, 2014, 13 (4): 52-60.

［6］ Akhigbe, A., & Stevenson, B. A. Profit Efficiency in U. S. BHCS: Effects of Increasing Non-Traditional Revenue Sources ［J］. The Quarterly Review of Economics and Finance, 2010 (50): 132–140.

[7] Asatryan, R., & B řezinová, O. Corporate Social Responsibility and Financial Performance in the Airline Industry in Central and Eastern Europe [J]. Acta Universitatis Agriculturae et Silviculturae Mendelianae Brunensis, 2014, 62 (4): 633–639.

[8] Asemah, E. S., Okpanachi, R. A., & Edegoh, L. O. N. Business Advantages of Corporate Social Responsibility Practice: A Critical Review [J]. New Media and Mass Communication, 2013 (18): 45–54.

[9] Aug, C. C. The Role of Commercial Banks in Mobilization and Allocation of Resources for Development in Nigeria [J]. Savings and Development, 1984, 8 (2): 135–158.

[10] Aurangzeb, K. A. Contributions of Banking Sector in Economic Growth: A Case of Pakistan [J]. Economics and Finance Review, 2012, 2 (6): 45–54.

[11] Barič, A. Corporate Social Responsibility and Stakeholders: Review of the Last Decade (2006–2015) [J]. Business Systems Research, 2017, 8 (1): 133–146.

[12] Bebbington, J., Larrinage, C., & Moneva, J. M. Corporate Social Reporting and Reputation Risk Management [J]. Accounting, Auditing and Accountability Journal, 2008, 21 (3): 337–361.

[13] Benlemlih, M., & Bitar, M. Corporate Social Responsibility and Investment Efficiency [J]. Journal of Business Ethics, 2018, 148 (3): 647–671.

[14] Bhandari, A., & Javakhadze, D. Corporate Social Responsibility and Capital Allocation Efficiency [J]. Journal of Corporate Finance, 2017 (43): 354–377.

[15] Bhardwaj, P. , Chatterjee, P. , Demir, K. D. , & Turut, O. When and How is Corporate Social Responsibility Profitable? [J]. Journal of Business Research, 2018 (84): 206-219.

[16] Bhattacharya, C. B. , & Sen, S. Doing Better at Doing Good: When, Why, and How Consumers Respond to Corporate Social Initiatives [J]. California Management Review, 2004, 47 (1): 9-24.

[17] Bhimjee, D. C. , Ramos, S. B. , & Dias, J. G. Banking Industry Performance in the Wake of the Global Financial Crisis [J]. International Review of Financial Analysis, 2016 (48): 376-387.

[18] Boulouta, I. , & Pitelis, C. N. Who Needs CSR? The Impact of Corporate Social Responsibility on National Competitiveness [J]. Journal of Business Ethics, 2014 (3): 349-364.

[19] Bouvain, P. , Baumann, C. , & Lundmark, E. Corporate Social Responsibility in Financial Services: A Comparison of Chinese and East Asian Banks vis-à-vis American Banks [J]. International Journal of Bank Marketing, 2013, 13 (6): 420-439.

[20] Bowen, H. R. Social Responsibilities of the Businessman [M]. New York, NY: Harper & Bow, 1953.

[21] Bowman, E. H. , & Haire, M. A Strategic Posture Towards Corporate Social Responsibility [J]. California Management Review, 1975, 18 (2):49-58.

[22] Bowman, M. Corporate "Care" and Climate Change: Implications for Bank Practice and Government Policy in the United States and Australia [J]. Stanford Journal of Law, Business & Finance, 2013, 19 (1): 1-37.

[23] Brescia, R. , & Steinway, S. Scoring the Banks: Building a Behavio-

rally Informed Community Impact Report Card for Financial Institutions [J].
Fordham Journal of Corporate & Financial Law, 2013, 18 (2): 339-378.

[24] Broomhill, R. Corporate Social Responsibility: Key Issues and Debates
[EB/OL]. https: //www. dunstan. org. au/docs/Dunstan_ Papers_ No_ 1_ 2007.
pdf, 2007.

[25] Burton, B. K. , Farh, J. L. , & Hegarty, W. H. A Cross – cultural
Comparison of Corporate Social Responsibility Orientation: Hong Kong vs. United
States Students [J]. Teaching Business Ethics, 2000, 4 (2): 151-167.

[26] Callado-Muñoz, F. J. , & Utrero-González, N. Does It Pay to Be So-
cially Responsible? Evidence from Spain's Retail Banking Sector [J]. European
Financial Management, 2011, 17 (4): 755-787.

[27] Carroll, A. B. Managing Corporate Social Responsibility [M]. Boston,
MA: Little, Brown and Co. , 1977.

[28] Carroll, A. B. A Three – Dimensional Conceptual Model of Corporate
Performance [J]. Academy of Management Review, 1979, 4 (4): 497-505.

[29] Carroll, A. B. Corporate Social Responsibility: Will Industry Respond
to Cut-Backs in Social Program Funding [J]. Vital Speeches of the Day, 1983,
49 (19): 604-608.

[30] Carroll, A. B. The Pyramid of Corporate Social Responsibility: Toward
the Moral Management of Organization Stakeholders [J]. Business Horizons, 1991,
34 (4): 39-48.

[31] Carroll, A. B. Corporate Social Responsibility: Evolution of a Defini-
tional Construct [J]. Business & Society, 1999, 38 (3): 268-295.

[32] Carroll, A. B. The Oxford Handbook of Corporate Social Responsibility,

Chapter 2 [M]. Oxford, UK: Oxford University Press, 2008.

[33] Carroll, A. B. Carroll's Pyramid of CSR: Taking Another Look [J]. International Journal of Corporate Social Responsibility, 2016, 1 (1): 1-8.

[34] Carroll, A. B., & Shabana, K. M. The Business Case for Corporate Social Responsibility: A Review of Concepts, Research and Practice [J]. International Journal of Management Reviews, 2010, 12 (1): 85-105.

[35] Cetin, H. The Impact of Non-Interest Income on Banks' Profitabilities [J]. Journal of Advanced Management Science, 2018, 6 (3): 161-164.

[36] Chaffee, E. C. The Origins of Corporate Social Responsibility [J]. University of Cincinnati Law Review, 2017, 85 (2): 353-379.

[37] Chih, H. L., Chih, H. H., & Chen, T. Y. On the Determinants of Corporate Social Responsibility: International Evidence on the Financial Industry [J]. Journal of Business Ethics, 2010, 93 (1): 115-135.

[38] Cochran, P. L. The Evolution of Corporate Social Responsibility [J]. Business Horizon, 2007, 50 (6): 449-454.

[39] Cornbleet, P. J., & Shea, M. C. Comparison of Product Moment and Rank Correlation Coefficients in the Assessment of Laboratory Method-Comparison Data [J]. Clinical Chemistry, 1978, 24 (6): 857-861.

[40] Cornett, M. M., Erhemjamts, O., & Tehranian, H. CSR and Its Impact on Financial Performance: Investigation of the U. S. Commercial Banks [J]. SSRN Electronic Journal, 2014, 1 (1): 1-53.

[41] Cornett, M., M., Erhemjamts, O., & Tehranian, H. Greed or Good Deeds: An Examination of the Relation between Corporate Social Responsibility and the Financial Performance of Commercial Banks around the Financial Crisis [J].

Journal of Banking & Finance, 2016 (70): 137-159.

[42] Cornett, M. M. An Overview of Commercial Banks: Performance, Regulation, and Market Value [J]. Review of Financial Economics, 2004, 13 (1-2): 1-5.

[43] Creyer, H. E. , & Ross, T. W. The Impact of Firm Behavior on Purchase Intention: Do Consumers Really Care about Business Ethics? [J]. The Journal of Consumer Marketing, 1997, 14 (6): 421-432.

[44] Cuesta-González, M. D. I. , Muñoz-Torres, M. J. , & Fernández-Izquierdo, M. A. Analysis of Social Performance in the Spanish Financial Industry through Public Data: A Proposal [J]. Journal of Business Ethics, 2006, 69 (3):289-304.

[45] Dahlsrud, A. How Corporate Social Responsibility is Defined: An Analysis of 37 Definitions [J]. Corporate Social Responsibility and Environmental Management, 2008, 15 (1): 1-13.

[46] Damankah, B. S. , Anku-Tsede, O. , & Amankwaa, A. Analysis of Non-Interest Income of Commercial Banks in Ghana [J]. International Journal of Academic Research in Accounting, Finance and Management Sciences, 2014, 4 (4): 263-271.

[47] Davis, K. Can Business Afford to Ignore Social Responsibilities? [J]. California Management Review, 1960, 2 (3): 70-76.

[48] DeYoung, R. , & Rick, T. Noninterest Income and Financial Performance at U. S. Commercial Banks [J]. Financial Review, 2004, 39 (1): 101-127.

[49] Doan, A. T. , Lin, K. L. , & Doong, S. C. What Drives Bank Effi-

ciency? The Interaction of Bank Income Diversification and Ownership [J]. International Review of Economics and Finance, 2018 (55): 203-219.

[50] Eberstadt, N. N. What History Tells Us about Corporate Responsibilities [J]. Business and Society Review/Innovation, 1973 (Autumn): 76-81.

[51] Eilbert, H., & Parket, I. R. The Practive of Business: The Current Status of Corporate Social Responsibility [J]. Business Horizons, 1973, 16 (4): 5-14.

[52] Elkington, J. Towards the Sustainable Corporation: Win – Win – Win Business Strategies for Sustainable Development [J]. California Management Review, 1994, 36 (2): 90-100.

[53] Etikan, I., Musa, S. A., & Alkassim, R. S. Comparison of Convenience Sampling and Purposive Sampling [J]. American Journal of Theoretical and Applied Statistics, 2016, 5 (1): 1-4.

[54] Evan, J. D. Straightforward Statistics for the Behavioral Sciences [M]. Pacific Grove, CA: Brooks/Cole Publishing, 1996.

[55] Forster, J., & Shaffer, S. Bank Efficiency Ratios in Latin America [J]. Applied Economics Letters, 2005, 12 (9): 529-532.

[56] Frecea, G. L. The People-Oriented Approach of CSR for the Banking Industry in Romania [J]. European Journal of Interdisciplinary Studies, 2017, 9 (1): 1-16.

[57] Frederick, W. C. The Growing Concern over Business Responsibility [J]. California Management Review, 1960 (2): 51-54.

[58] Frederick, W. C. Corporate Social Responsibility: Deep Roots, Flourishing Growth, Promising Future [M]. New York, NY: Oxford University Press,

2008.

[59] Friedman, M. The Social Responsibility of Business is to Increase Its Profits [N]. New York Times Magazine, 1970-09-13.

[60] Gangi, F., Mustilli, M., & Varrone, N. The Impact of Corporate Social Responsibility (CSR) Knowledge on Corporate Financial Performance: Evidence from the European Banking Industry [J]. Journal of Knowledge Management, 2019, 23 (1): 110-134.

[61] Gatzer, N. The Impact of Corporate Reputation and Reputation Damaging Events on Financial Performance: Empirical Evidence from the Literature [J]. European Management Journal, 2015, 33 (6): 485-499.

[62] Ghoul, S. E., Guedhami, O., Kwok, C. C. Y., & Mishra, D. R. Does Corporate Social Responsibility Affect the Cost of Capital? [J]. Journal of Banking $ Finance, 2011, 35 (9): 2388-2406.

[63] González - Ramos, M. I., Donate, M. J., & Guadamillas, F. The Effect of Technological Posture and Corporate Social Responsibility on Financial Performance through Corporate Reputation [J]. International Journal of Innovation, 2018, 6 (2): 164-179.

[64] Greenwood, R., & Scharfstein, D. The Growth of Finance [J]. Journal of Economic Perspective, 2013, 27 (2): 3-28.

[65] Gulzar, A. The Contribution of the Financial Sector in the Economic Growth of Pakistan: A Literature Review on Growth Theories and Indicators in Economic Growth [J]. Journal of Business & Financial Affairs, 2018, 7 (3): 352-358.

[66] Hafez, M. Measuring the Impact of Corporate Social Responsibility

Practices on Brand Equity in the Banking Industry in Bangladesh [J]. International Journal of Bank Marketing, 2018, 36 (5): 806-822.

[67] Hamidu, A. A. , Haron, H. M. , & Amran, A. Corporate Social Responsibility: A Review on Definitions, Core Characteristics and Theoretical Perspectives [J]. Mediterranean Journal of Social Sciences, 2015, 6 (4): 83-95.

[68] Harjoto, M. M. , Laksmana, I. I. , & Lee, R. R. Board Diversity and Corporate Social Responsibility [J]. Journal of Business Ethics, 2015, 132 (4):641-660.

[69] Hasan, R. , & Yun, T. M. Theoretical Linkage between Corporate Social Responsibility and Corporate Reputation [J]. Indonesian Journal of Sustainability Accounting and Management, 2017, 1 (2): 80-89.

[70] Hauke, J. , & Kossowski, T. Comparison of Values of Pearson's and Spearman's Correlation Coefficients on the Same Sets of Data [J]. Quaestiones Geographicae, 2011, 30 (2): 87-93.

[71] Hays, F. H. , De Lurgio. S. A. , & Gilbert, A. H. Efficiency Ratios and Community Bank Performance [J]. Journal of Finance and Accountancy, 2009 (1): 1-15.

[72] Heale, R. , & Twycross, A. Validity and Reliability in Quantitative Studies [J]. Evidence-Based Nursing, 2015, 18 (3): 66-67.

[73] Hirigoyen, G. , & Poulain-Rehm, T. Relationships between Corporate Social Responsibility and Financial Performance: What is the Causality? [J]. Journal of Business & Management, 2015, 4 (1): 18-43.

[74] Hoffman, R. C. Corporate Social Responsibility in the 1920s: An Institutional Perspective [J]. Journal of Management History, 2007, 13 (1): 55-73.

［75］Holmes, S. L. Executives Perceptions of Corporate Social Responsibility ［J］. Business Horizons, 1976, 19 （3）: 34-40.

［76］Horrigan, B. 21st Century Corporation Social Responsibility Trends-An Emerging Comparative Body of Law Regulation on Corporate Responsibility, Governance, and Sustainability ［J］. Macquarie Journal of Business Law, 2007 （4）: 85-122.

［77］Iqbal, N. , Ahmad, N. , Basheer, N. A. , & Nadeem, M. Impact of Corporate Social Responsibility on Financial Performance of Corporations: Evidence from Pakistan ［J］. International Journal of Learning and Development, 2012, 2 （6）: 107-118.

［78］Isidro, H. H. , & Sobral, M. M. The Effects of Women on Corporate Boards on Firm Value, Financial Performance, and Ethical and Social Compliance ［J］. Journal of Business Ethics, 2015, 132 （1）: 1-19.

［79］Jeon, J. The Strengths and Limitations of the Statistical Modeling of Complex Social Phenomenon: Focusing on SEM, Path Analysis, or Multiple Regression Models ［J］. International Journal of Social, Behavioral, Educational, Economic, Business and Industrial Engineering, 2015, 9 （5）: 1559-1567.

［80］Jhawar, N. , & Gupta, S. Understanding CSR-Its History and the Recent Developments ［J］. IOSR Journal of Business and Management, 2017, 19 （5）: 105-109.

［81］Jo, H. H. , & Harjoto, M. M. The Causal Effect of Corporate Governance on Corporate Social Responsibility ［J］. Journal of Business Ethics, 2012, 106 （1）: 53-72.

［82］Johansson, C. B. Introduction to Qualitative Research and Grounded

Theory [J]. International Body Psychotherapy Journal, 2019, 18 (1): 94-99.

[83] Johnson, H. L. Business in Contemporary Society: Framework and Issues [M]. Belmont, CA: Wadsworth Publishing Co. , Inc. , 1971.

[84] Johnson, W. , C. , Xie, W. , & Yi. S. Corporate Fraud and the Value of Reputations in the Product Market [J]. Journal of Corporate Finance, 2014 (25): 16-39.

[85] Jokipii, T. , & Monnin, P. The Impact of Banking Sector Stability on the Real Economy [J]. Journal of International Money and Finance, 2013 (32):1-16.

[86] Jones, T. M. Corporate Social Responsibility Revisited, Redefined [J]. California Management Review, 1980, 22 (3): 59-67.

[87] Kashyap, R. , Mir, R. , & Mir, A. Corporate Social Responsibility: A Call for Multidisciplinary Inquiry [J]. Journal of Business & Research, 2011, 2 (7): 51-58.

[88] Khan, M. S. , Khan, I. , Bhabha, J. I, Qureshi, Q. A. , Qureshi, N. A. , & Khan, R. The Role of Financial Institutions and the Economic Growth: A Literature Review [J]. European Journal of Business and Management, 2015, 7 (1): 95-98.

[89] Kotgale, S. W. , & Chakravorty, J. N. Analysis of Net Interest Income at Bank [J]. International Journal of Engineering Science and Computing, 2017, 7 (4): 6531-6534.

[90] Kovner, A. , Vickery, J. , & Zhou, L. Do Big Banks Have Lower Operating Cost? [J]. Economic Policy Review, 2015, 20 (2): 1-27.

[91] Lai, C. S. , Chiu, C. J. , Yang, C. F. , & Pai, D. C. The Effects of Corporate Social Responsibility on Brand Performance: The Mediating Effect of In-

dustrial Brand Equity and Corporate Reputation [J]. Journal of Business Ethics, 2010, 95 (3): 457-469.

[92] Lance, M. What Do We Mean by Corporate Social Responsibility? [J]. Corporate Governance, 2001, 1 (2): 16-22.

[93] Lange, D., Lee, P. M., & Dai, Y. Organizational Reputation: A Review [J]. Journal of Management, 2011, 37 (1): 153-184.

[94] Lawrence, A. T., & Weber, J. Business and Society: Stakeholders, Ethics, Public Policy (13th eds.) [M]. New York, NY: McGraw-Hill/Irwin, 2011.

[95] Lee, C., & Huang, T. Cost Efficiency and Technological Gap in Western European Banks: A Stochastic Metafrontier Analysis [J]. International Review of Economics & Finance, 2017 (48): 161-178.

[96] Lentner, C., Szegedi, K., & Tatay, T. Corporate Social Responsibility in the Banking Sector [J]. Public Finance Quarterly, 2015, 60 (1): 95-103.

[97] Lepetit, L., Nys E., Rous., P., & Tarazi, A. Bank in Come Structure and Risk: An Empirical Analysis of European Banks [J]. Journal of Banking & Finance, 2008, 32 (8): 1452-1467.

[98] Levitt, T. The Dangers of Social Responsibility [J]. Harvard Business Review, 1958, 36 (5): 41-50.

[99] Lin, X., Liu, M., So, S., & Yuen, D. Corporate Social Responsibility, Firm Performance and Tax Risk [J]. Managerial Auditing Journal, 2019, 34 (9): 1101-1130.

[100] Low, M. P. Corporate Social Responsibility and the Internal Corporate

Social Responsibility in 21st Century [J]. Asian Journal of Social Sciences and Management Studies, 2016, 3 (1): 56-74.

[101] Lu, J., Ren, L., He, Y., Lin, W., & Streimikis, J. Linking Corporate Social Responsibility with Reputation and Brand of the Firm [J]. Amfiteatru Economics, 2019, 21 (51): 442-460.

[102] Madrakhimova, F. History of Development of Corporate Social Responsibility [J]. Journal of Business and Economics, 2013, 4 (6): 509-520.

[103] Mahbuba, S., & Farzana, N. Corporate Social Responsibility and Profitability: A Case Study of Dutch Bangla Bank Ltd. [J]. International Journal of Business and Social Research, 2013, 3 (4): 139-145.

[104] Mandhachitara, R., & Poolthong, Y. A Model of Customer Loyalty and Corporate Social Responsibility [J]. Journal of Services Marketing, 2011, 25 (2): 122-133.

[105] Matuszak, Ł., & Różańska, E. A Non-Linear and Disaggregated Approach to Studying the Impact of CSR on Accounting Profitability: Evidence from the Polish Banking Industry [J]. Sustainability, 2019, 11 (1): 183-204.

[106] McClatchey, C., & Clinebell, J. Using EVA as a Decision Metric in Capital Budgeting [J]. Journal of Applied Business Research, 2011, 20 (4): 73-92.

[107] McGuire, J. W. Business & Society [M]. New York, NY: McGraw-Hill, 1963.

[108] McWilliams, A., & Siegel, D. Corporate Social Responsibility and Financial Performance: Correlation or Misspecification [J]. Strategic Management Journal, 2000, 21 (5): 603-609.

［109］Mielus, P. , Mironczuk, T. , & Zamojska, A. Basis Risk and Net Interest Income of Banks ［J］. Folia Oeconomica Stetinensia, 2016, 16 (2): 40-59.

［110］Milvovanovic, G. , Barac, N. , & Andjelkovic, A. Corporate Social Responsibility in the Globalization Era ［J］. Economics and Organization, 2009, 6 (2): 89-104.

［111］Moir, L. What Do We Mean by Corporate Social Responsibility? ［J］. Corporate Governance, 2001, 1 (2): 16-22.

［112］Moisescu, O. I. From CSR to Customer Loyalty: An Empirical Investigation in the Retail Banking Industry of a Developing Country ［J］. Scientific Annals of Economics and Business, 2017, 64 (3): 307-323.

［113］Morris, C. S. , & Regehr, K. What Explains Low Net Interest Income at Community Banks? ［J］. Economic Review, 2014 (2): 5-33.

［114］Muirhead, S. A. Corporate Contributions: The View from 50 Years ［M］. New York, NY: The Conference Board, 1999.

［115］Mukaka, M. M. Statistics Corner: A Guide to Appropriate Correlation Coefficient in Medical Research ［J］. Malawi Medical Journal, 2012, 24 (3): 69-71.

［116］Murawski, T. Corporate Social Responsibility in Japanese Banking Sector ［J］. Copernican Journal of Finance & Accounting, 2016, 5 (2): 149-161.

［117］Murphy, P. E. An Evolution: Corporate Social Responsiveness ［J］. University of Michigan Business Review, 1978, 30 (6): 19.

［118］Ng. S. , & Wright, J. H. Facts and Challenges from the Great Recession for Forecasting and Macroeconomic Modeling ［J］. Journal of Economic: Literature, 2013, 51 (4): 1120-1154.

[119] Nguyen, M., & Truong, M. The Effect of Culture on Enterprise's Perception of Corporate Social Responsibility: The Case of Vietnam [J]. Procedia CIRP, 2016 (40): 680-686.

[120] Nguyen, T. P. T., Nghiem, S. H., Roca, E., & Sharma, P. Bank Reforms and Efficiency in Vietnamese Banks: Evidence Based on SFA and DEA [J]. Applied Economics, 2016, 48 (30): 2822-2835.

[121] Niţoi, M. Bank Efficiency and Productivity Patterns in Central and Eastern Europe [J]. Revista de Economie Mondială, 2018, 10 (4): 36-47.

[122] Norberg, P. Bankers Bashing Back: Amoral CSR Justifications [J]. Journal of Business Ethics, 2018, 147 (2): 401-418.

[123] Ohene-Asare, K., & Asmild, M. Banking Efficiency Analysis under Corporate Social Responsibilities [J]. International Journal of Banking, Accounting and Finance, 2012, 4 (2): 146-171.

[124] Palazzo, B. U. S. -American and German Business Ethics: An Intercultural Comparison [J]. Journal of Business Ethics, 2002, 41 (3): 195-216.

[125] Pérez, A., & Rodríguez del Bosque, I. Customer Responses to the CSR of Banking Companies [J]. Journal of Product & Brand Management, 2015, 24 (5): 481-493.

[126] Pérez, A., Martinez, P., & Bosque, I. R. The Development of a Stakeholder-Based Scale for Measuring Corporate Social Responsibility in the Banking Industry [J]. Service Business, 2013, 7 (3): 459-481.

[127] Platonova, E., Asutay, M., Dixon, R., & Mohanmad, S. The Impact of Corporate Social Responsibility Disclosure on Financial Performance:

Evidence from the GCC Islamic Banking Sector [J]. Journal of Business Ethics, 2018, 151 (2): 451-471.

[128] Pollay, R., & Mittal, B. Here's the Beef: Factors, Determinants, and Segments in Consumer Criticism of Advertising [J]. Journal of Marketing, 1993, 57 (3): 99-114.

[129] Pratihari, S. K., & Uzma, S. H. Corporate Social Identity: An Analysis of the Indian Banking Sector [J]. International Journal of Bank Marketing, 2018, 36 (6): 1248-1284.

[130] Prior, F., & Argandoña, A. Credit Accessibility and Corporate Social Responsibility in Financial Institutions: The Case of Microfinance [J]. Business Ethics: A European Review, 2009, 18 (4): 349-363.

[131] Prochniak, M., & Wasiak, K. The Impact of the Financial System on Economic Growth in the Context of the Global Crisis: Empirical Evidence for the EU and OECD Countries [J]. Empirica, 2017, 44 (2): 295-337.

[132] Puth, M., Neuhäuser, M., & Ruxton, G. D. Effective Use of Spearman's and Kendall's Correlation Coefficients for Association between Two Measured Traits [J]. Animal Behaviour, 2015, 102 (2015): 77-84.

[133] Quaranta, A. G., Raffoni, A., & Visani, F. A Multidimensional Approach to Measure Bank Branch Efficiency [J]. European Journal of Operational Research, 2018, 266 (2): 746-760.

[134] Rajan, R. G. The Past and Future of Commercial Banking Viewed through an Incomplete Contract Lens [J]. Journal of Money, Credit and Banking, 1998, 30 (3): 524-550.

[135] Sabol, A., & Sverer, F. A Review of the Economic Value Added

Literature and Application [J]. UTMS Journal of Economics, 2017, 8 (1): 19-27.

[136] Sadalia, I. , Kautsar, M. H. , Irawati, N. , & Muda, I. Analysis of the Efficiency Performance of Sharia and Conventional Banks Ssing Stochastic Frontier Analysis [J]. Banks and Bank Systems, 2018, 13 (2): 27-38.

[137] Saksonova, S. The Role of Net Interest Margin in Improving Banks' Asset Structure and Assessing the Stability and Efficiency of Their Operations [J]. Procedia-Social and Behavioral Sciencys, 2014 (150): 132-141.

[138] Samad, A. Noninterest Expenses, Early Warning and Bank Failures: Evidence from US Failed and Non-Failed Banks [J]. Journal of Accounting and Finance, 2014, 14 (4): 129-134.

[139] Samet, M. , & Jarboui, A. How Does Corporate Social Responsibilities Contribute to Investment Efficiency? [J]. Journal of Multinational Financial Management, 2017 (40): 33-46.

[140] Schober, P. , Boer, C. , & Schwarte, L. A. Correlation Coefficients: Appropriate Use and Interpretation [J]. Anesthesia & Analgesia, 2018, 126 (5): 1763-1768.

[141] Servaes, H. , & Zenner, M. The Role of Investment Banks in Acquisitions [J]. The Review of Financial Studies, 1996, 9 (3): 787-815.

[142] Sharma, G. Pros and Cons of Different Sampling Techniques [J]. International Journal of Applied Research, 2017, 3 (7): 749-752.

[143] Shen, C. H. , Wu, M. W. , Chen, T. H. , & Fang, H. To Engage or Not to Engage in Corporate Social Responsibility: Empirical Evidence from Global Banking Sector [J]. Economic Modeling, 2016 (55): 207-225.

[144] Siddique, M. N. E. A. CSR Practices and Competitive Advantages: A Descriptive Study [J]. American Journal of Trade and Policy, 2014, 1 (3): 109-116.

[145] Silaban, P. The Effect of Capital Adequacy Ratio, Net Interest Margin and Non-Performing Loans on Bank Profitability: The Case of Indonesia [J]. International Journal of Economics and Business Administration, 2017, 5 (3): 58-69.

[146] Simpson, W., & Kohers, T. The Link between Social and Financial Performance: Evidence from the Banking Industry [J]. Journal of Business Ethics, 2002, 35 (2): 97-109.

[147] Soana, M. G. The Relationship between Corporate Social Performance and Corporate Financial Performance in the Banking Sector [J]. Journal of Business Ethics, 2011, 104 (1): 133-148.

[148] Stiroh, K. J. Diversification in Banking: Is Noninterest Income the Answer? [J]. Journal of Money, Credit, and Banking, 2004, 36 (5): 853-882.

[149] Sun, L., Wu, S., Zhu, Z., & Stephenson, A. Noninterest Income and Performance of Commercial Banking in China [J]. Scientific Programming, 2017 (1): 1-8.

[150] Tran, Y. T. H. CSR in Banking Sector: A Literature Review and New Research Directions [J]. International Journal of Economics, Commerce and Management, 2014, 2 (11): 1-22.

[151] Tripathi, A., & Bains, A. Evolution of Corporate Social Responsibility: A Journey from 1700 BC Till 21st Century [J]. International Journal of Advanced Research, 2013, 1 (8): 788-796.

[152] Uppal, R. K. , & Kaur, R. Cost – Benefit Analysis of Commercial Banks in the Global Age: Strategies for Fund Management [J]. IUP Journal of Bank Management, 2009, 8 (3/4): 22–36.

[153] Verčič, A. T. , & Ćorić, D. S. The Relationship between Reputation, Employer Branding and Corporate Social Responsibility [J]. Public Relations Review, 2018, 44 (4): 444–452.

[154] Vidaver–Cohen, D. Reputation beyond the Rankings: A Conceptual Framework for Business School Research [J]. Corporate Reputation Review, 2007, 10 (4): 278–304.

[155] Wang, H. , Tong, L. , Takeuchi, R. , & George, G. Corporate Social Responsibility: An Overview and New Research Directions [J]. Academy of Management Journal, 2016, 59 (2): 534–544.

[156] Weber, O. , Diaz, M. , & Schwegler, R. Corporate Social Responsibility of the Financial Sector–Strengths, Weaknesses and the Impact on Sustainable Development [J]. Sustainable Development, 2014, 22 (5): 321–335.

[157] Wu, M. W. , & Shen, C. H. Corporate Social Responsibility in the Banking Industry: Motives and Financial Performance [J]. Journal of Banking & Finance, 2013 (37): 3529–3547.

后　记

　　这本书的写作至此前后经历近两年的时间，两年中我查阅了大量相关资料，在最终针对 28 家美国大型本土银行机构的研究之后我也再次理解为什么美国银行业在推行企业社会责任时步伐如此之慢。作为利益最大化的"追随者"，或许唯一能改变美国银行业经营策略的诱因就是盈利指标的提升。在没有任何利益驱使的前提下，或许美国银行机构仍会对全面推动企业社会责任处于观望的态度。

　　这不禁让我想到或许美国银行业已将企业社会责任当作一个"保健因素"，用此作为对公众的交代。即使有一天美国银行业能够重新定位企业社会责任在整个银行金融体系中的角色，也难究其背后真正的原因。但 Carroll、Freeman 和 Elkington 针对企业社会责任的进一步细化也为未来的研究提供了方向。如果无法研究整体企业社会责任对美国银行业的影响，那么可以从企业社会责任的子维度或者选取重要的利益相关者进行单一角度的探索。当然，单一角度的研究也需要更为准确的理论依据与量化模型。

　　很遗憾，作为世界上金融市场体量最大、制度最完善的国家，也是企业社会责任的发起者与理论先驱，美国并没有从资本的角度为企业社会责任作出让步。这也让其他国家尤其是与美国共享资本价值观的众多西方国家也一直处于犹豫与观望状态。如今的世界经济已经进入了另一个转折点，资源、环境、地缘政治等因素的影响都在迫使金融体系重新定位未来的发展方向，而企业社会责任是否能破除争议最终成为改变资本发展方向的因素需要被整个经济社会所重视。

最后，我也借此书呼吁更多的学者能够积极探索这一领域，加快这一进程。

臧　维

2024 年 1 月